智·慧·商·业
创新型人才培养系列教材

U0597336

广告策划

张京洲 李仁霞 刘松／主编

孙晔 周艳丽 陈忠良 郑歆／副主编

人民邮电出版社

北 京

图书在版编目（CIP）数据

广告策划：微课版 / 张京洲, 李仁霞, 刘松主编.
北京 : 人民邮电出版社, 2025. -- （智慧商业创新型人
才培养系列教材）. -- ISBN 978-7-115-66389-4

Ⅰ. F713.81

中国国家版本馆 CIP 数据核字第 2025YH9711 号

内 容 提 要

　　本书贯彻"理论够用，技能熟练""教学做一体化+素质教育"的高职人才培养要求，以广告策划流程为主线，整合课程教学内容进行编写。本书共设置 10 个单元，分别为广告策划认知、广告策划目标制定、广告策划市场分析、广告策划定位策略、广告策划创意创作、广告策划媒体选择、广告策划执行方案及费用预算、广告策划效果调研与反馈、广告策划方案撰写和广告策划经典案例赏析。

　　本书既可以作为职业院校财经商贸类、新闻传播类专业广告策划相关课程的教材，也可以作为从事广告行业的相关人员的参考书。

◆ 主　　编　张京洲　李仁霞　刘　松
　　副主编　孙　晔　周艳丽　陈忠良　郑　歆
　　责任编辑　白　雨
　　责任印制　王　郁　彭志环
◆ 人民邮电出版社出版发行　　北京市丰台区成寿寺路 11 号
　　邮编　100164　电子邮件　315@ptpress.com.cn
　　网址　https://www.ptpress.com.cn
　　北京天宇星印刷厂印刷
◆ 开本　787×1092　1/16
　　印张　11.25　　　　　　　　　　2025 年 8 月第 1 版
　　字数　225 千字　　　　　　　　2025 年 8 月北京第 1 次印刷

定价：49.80 元

读者服务热线：(010)81055256　印装质量热线：(010)81055316
反盗版热线：(010)81055315

前言

正所谓"工欲善其事，必先利其器"。广告策划人员要想在广告行业获得成功，需要深入了解广告策划流程及其他广告策划相关专业知识。广告策划是一项复杂而又极具创意性的活动，从业人员需要积累大量的专业知识，同时还要具备较强的"人财物"统筹协调管理技能，才能产生"1+1>2"的广告策划效果。

党的二十大报告中，一是提出"统筹职业教育、高等教育、继续教育协同创新，推进职普融通、产教融合、科教融汇，优化职业教育类型定位"，明确了职业教育的发展方向；二是提出"全面贯彻党的教育方针，落实立德树人根本任务，培养德智体美劳全面发展的社会主义建设者和接班人"，强调了"德育"的重要性。本书根据职业教育特点和立德树人要求，采用"教学做一体化"教学模式，并融入了价值元素，注重实操技能培养，强化思想品德教育。

本书为每一单元都制定了明确的知识目标、技能目标和素养目标，同时结合理论知识要点，设置了大量的配套案例和实操训练，以提升读者学以致用的实操水平。

本书主要有以下几个特点。

1. 价值元素丰富，内容与知识融合度高。本书在每个单元都融入了价值元素，且相关素材与单元知识点融合度高，能够将知识技能学习与价值教育较好地融为一体，让读者在学习广告策划专业知识的同时，培养家国情怀、民族自信、诚信服务、工匠精神等素养，旨在有效实现立德树人的教学目标。

2. 深化产教融合实践，校企双元合作编写。在进行本书的框架设计时，编者到广告公司、三只松鼠股份有限公司、芜湖凡臣电子商务有限责任公司等多家校企合作单位进行走访，深入具体工作岗位进行调研，并邀请了三只松鼠股份有限公司零食事业部总经理担任编写人员，以企业广告策划视角进行教材编写优化，突出理论知识与技能的互补和融合，强调工学结合、任务驱动、教学做一体的课程教学理念。

3. 课程信息化资源丰富，微视频课程讲解深入。本书配有省级精品在线课，读者可在安徽省网络课程学习中心进行观看。本书配套电子试题等教学资源，涵盖技能实操知识点，让读者边学边做，提高课程的学习效率，优化学习效果。本书还配有线上咨询平台，读者可以随时向编者进行咨询，丰富了课程教学信息化手段。同时，本书配套PPT、教案、教学大纲、微课视频等教学资源，用书老师可通过人邮教育社区网站（www.ryjiaoyu.com）免费下载。

4. 知识体系框架严谨，理实知识高度融合。本书的知识体系框架是基于企业广告策划实践流程进行设计的，注重广告策划流程及实操技能培养。此外，本书遵循"理论够用，技能熟练"原则，让理论知识与实践技能需求对应，设置了大量的配套案例和实操训练，以提升读者的技能水平。

本书由安徽商贸职业技术学院张京洲、李仁霞、刘松担任主编，孙晔、周艳丽、陈忠良、郑歆担任副主编，史一鸣、吴木林、汪三红参与编写。全书编写分工如下：李仁霞编写单元 1，陈忠良编写单元 2 和单元 5，郑歆编写单元 3，张京洲编写单元 4，张京洲、吴木林编写单元 9，张京洲、周艳丽和汪三红（三只松鼠股份有限公司）编写单元 10，孙晔编写单元 6，史一鸣编写单元 7，刘松编写单元 8。

在本书编写过程中，编者借鉴了一些出版物和网络资料的信息和数据，在此一并表示感谢！尽管编者在编写过程中力求准确、完善，但书中可能还有疏漏与不足之处，恳请广大读者批评指正，在此深表谢意！

编　者

2025 年 7 月

目录
CONTENTS

单元 1

广告策划认知

知识目标

了解广告策划的概念。

技能目标

能够准确说出广告策划的运作流程。

能够分辨广告策划与营销策划、广告计划。

素养目标

熟知广告策划人员应具备的素养，理解广告策划人员的素养要求。

树立规范、科学进行广告策划的意识，感受广告策划人员的专业精神和素养。

1.1 广告策划概述

1.1.1 认识广告策划

20世纪80年代，我国广告界提出了"以调查为先导，以策划为基础，以创意为灵魂"的现代广告运作观念，广告策划的概念得到了广告界的普遍接受，促使广告活动向科学化、规范化进一步迈进。

（一）广告策划的源流

中国的策划思想可谓源远流长。

在原始社会，人们为了生存进行分工围猎的行为，可以说是策划思想萌芽的体现。商周时期的姜太公吕尚以其高超的智谋和卓越的策划能力，辅佐武王伐纣，夺得天下。后人假托太公之名，撰写《六韬》，追记吕尚等人的策划韬略。

到了春秋战国时期，中国的策划思想更加丰富。《论语·述而》中"好谋而成者也"的"谋"字，以及《汉书·高祖本纪》中"夫运筹策帷幄之中，决胜于千里之外"的"筹"字，都是"筹划""安排""出主意""想办法""出谋划策"之意。

中国现存最早的军事著作《孙子兵法》，也是策划名著。《孙子兵法·始计篇》中指出："夫未战而庙算胜者，得算多也；未战而庙算不胜者，得算少也。多算胜，少算不胜，而况于无算乎？吾以此观之，胜负见矣。"这句话的意思是战前有充分的准备和周密的策划，取胜的把握就大；战前没有充分的准备和周密的策划，就难以取胜。更何况不准备和策划呢？同时，《孙子兵法·九地篇》中指出"庙算"意思是"厉于廊庙之上，以株其事"，可见"庙算"同策划的含义是一致的。

春秋战国时期，策划在战争中的地位和作用已被普遍认同。齐国管仲曾说"正四海者，不可以兵独攻而取也。必先定谋虑，便地形，利权算""夫争强之国，必先争谋"（《管子·霸言》），又说"故计必先定而兵出于竟，计未定而兵出于竟，则战之自败，攻之自毁者也"（《管子·参患》）。管仲看到了策划在诸侯争霸斗争中的重大作用，因而强调"先定谋虑""利权算""计必先定"。

（二）广告策划的定义

1. 策划

在中国古代典籍中，西汉的《淮南子》卷二十一《要略》篇中，有"擘画人事之终始者也"的文字；南朝（宋）范晔的《后汉书·隗嚣公孙述列传》中，更有"是以功名终申，策画复得"的句子。这里的"擘画""策画"均与策划通用。

从词源来看，"策"同"册"。我国古人最早用竹片或木片记事著书，成编的叫作"策"，之后"策"演变为应试者对答的一种议论文体，如汉代贾谊《治安策》、宋代苏轼《教战守策》等。"策"在古代典籍中就有"策略""计谋"的意思。"划"有"计划""打算"之意。《辞源》将"策划"解释成筹划、计划,《辞海》将"策划"解释为谋划、筹谋。总之,"策划"就是动脑子、想办法、出主意的意思。

在国外,"策划"作为一个概念性的词语,最早由公共关系学者爱德华·伯纳斯于1955年在其著作《策划同意》中提出。随后,策划思想开始在文化创意产业等相关领域中迅速普及。

2. 广告策划

广告策划的概念来源于策划的概念,是策划概念外延的若干分类中的一类。

广告策划概念来源于西方。20世纪60年代,英国BMB广告公司创始人斯坦利在广告领域首先提出了广告策划的概念,这一概念得到英国广告界的认可,进而被广泛传播。至此,广告策划逐渐演化为现代广告活动科学化和规范化的标志之一。

我国引入"广告策划"的概念,是在 1984~1985 年左右,当时有部分学者撰文呼吁,要把现代广告策划引入中国的广告实践中,树立"以调查为先导,以策划为基础,以创意为灵魂"的现代广告运作观念。1989年4月,唐仁承出版中国第一本《广告策划》专著,至此,广告策划概念深入到中国广告实践与理论中。

综上,广告策划的定义为:所谓广告策划,是根据广告主的营销计划和广告目标,在市场调查的基础上,制定出一个与市场情况、产品状态、消费群体相适应的经济有效的广告计划方案,并加以评估、实施和检验,从而为广告主的整体经营提供良好服务的活动。

从这个定义可以看出,广告策划的内涵包括以下几点。

(1)广告策划可以是一个或几个单一性的广告活动,也可以是系统性的广告活动,即为企业在某一时期开展的一系列广告活动进行策划。

(2)广告策划建立在市场调查基础上,因此广告策划是为了实现一定的广告目标,在市场调查的基础上进行的一系列有计划的营销活动。

(3)广告策划是可以评估、实施和检验的,能达到传播信息和提供服务的目的。

(4)广告策划的任务是帮助企业将有关销售、品牌等方面的信息有效传达给预期的受众,产生良好的效果。

(5)广告策划的核心是在合理预算基础上,创作出适当的销售、品牌信息,选择合理的时机和渠道,将信息传达给受众。

(三)广告策划与营销策划、广告计划的区别

1. 广告策划与营销策划的区别

广告策划是企业营销策划不可缺少的环节,它是企业营销策划的一部分,服务于营销策划。企业的营销策划,决定着广告策划的方向、内涵和外延;广告策划对于实现企

业的营销计划，起着先导、辅助和促进的作用。

（1）广告策划源于营销策划

企业营销策划是指企业为适应和满足消费者需要，将产品开发、定价、促销和渠道等方面的营销信息传播给消费者，再将消费者的意见反馈回企业的运筹规划。在企业的营销活动中，起决定作用的是企业根据市场营销环境和自身的经营特长所确定的市场营销组合及相应的目标。一家企业诞生后，首先要在市场中找准自己的位置，确定本企业的目标，然后通过企业的营销活动来实现目标。

企业的营销活动要体现和服务于企业目标，就需要进行策划。市场营销组合是企业在一定时期内，针对一定目标市场，为销售一定产品而采用的市场营销策略组合，它包括产品、价格、渠道、促销4个方面。其中，作为市场营销组合之一的促销，主要可以划分为4个部分：广告、人员推销、公共关系、营业推广。广告是企业促销措施之一，它不是孤立存在的，而是作为市场营销组合的一个有机组成部分发挥作用。可见，在企业实现营销目标的活动中，最先开始的并不是广告策划，而是营销策划，广告策划源于企业的营销策划并服从和服务于企业的营销策划。没有企业的营销策划，广告策划也就失去了目标和依据。

（2）广告策划是最重要的营销沟通策划

现代市场营销理论实现了由4P即产品（Product）、价格（Price）、渠道（Place）、促销（Promotion）向4C即消费者（Consumer）、成本（Cost）、方便（Convenience）、沟通（Communication）的转变。这种对营销认识的进步建立在产品生产者与产品消费者相互交流的基础之上。沟通成为现代营销的重要环节，在这种状态下，企业不仅是生产商和营销商，还承担着沟通者的角色。营销要达成目标，必须进行沟通。如果缺少良好的沟通，再好的产品也会无人问津。广告作为一种传播活动，运用各种传播的技巧和方法，对营销的各种要素进行推广是出于沟通的需要，并且广告是营销沟通最主要的方式。第一，广告的付费性质使它在使用上比其他方法更加灵活，更易于表达营销信息内容；第二，媒体受众数量庞大，使广告的信息送达面也较人员沟通要广阔得多；第三，广告传播信息过程中的创造性动力比其他方式中的更具震撼力。

2. 广告策划与广告计划的区别

策划和计划有明显的不同：策划是能实际引导行动、创造性思考及组织实践的过程，也有人说"策划是一种无中生有的精神活动"；而计划则是从现在到未来，根据时间表，思考如何逐次达成目标的行为。

在广告活动中，区分策划和计划具有非常重要的意义。策划是帮助企业了解目标对象，组合各种创意，最后达成目标的方法，在广告活动中具有指明方向的作用。而计划是具体的、可行的实践方法，是以针对企业实施为前提，具体地考虑必要因素，涉及具体的人、事等情报。因此策划在广告活动中具有指导作用，是为广告活动提供方向的方法，而实施策划需要完善和细化的各种战术，即计划。

当然在实际的广告活动中，除了"策划"和"计划"，还经常会有"策略"等。那么广告活动中的策划、策略、计划有什么区别和联系呢？策略是指从整体上进行资源优化配置的系统过程；策划是指能完成策略的可行性方案；而计划是指具体的行动方法。在完整的广告策划中，"策划"的意义涵盖策略、策划、计划 3 个层面，而并非仅指广告活动的一个综合方案，更有别于一个短期的广告活动计划。首先要清晰地把握活动的策略方向，这一策略方向与客户以往的策略方向可能是延续的关系，也可能是修正甚至颠覆的关系；在此基础上，通过统筹优化，拟定出有利于实施策略的各种方法，最终提出详尽的执行计划。但是也不排除应广告客户要求进行阶段性策划的可能。此时，策划工作将集中在策划和计划部分，如某新产品上市广告策划，或某节假日期间的广告策划等，都是阶段性策划。

因此，在广告策划活动中，策略相当于大脑，决定广告活动的方向；而策划是手，是实现目标的方案；计划是足，是具体的行动方法。

（四）广告策划的作用

1. 提高广告活动的科学化水平

现代企业具有组织程度高、规模大、信息膨胀、不确定性因素多等特点，这导致策划难度增加。进行策划时，要在充分尊重客观事实、了解客观事实的基础上，对企业竞争对手、消费者进行调查，进而分析出策划活动的重心，不能想当然，更不能闭门造车。

2. 提高企业的经济效益和社会效益

广告策划渗透在社会经济活动的各个方面，它广泛服务于社会的各个领域。策划服务能大大减少活动的盲目性、浪费性和不合理性，从而提高效率。效益在市场竞争中占重要地位，广告主投资是为了追求广告的最佳效果。欲达此目的，必须进行系统科学的广告策划。广告策划能降低成本、减少损耗，形成广告规模效应和累积效应，确保以较少的投入获得较大的经济效益和社会效益。

3. 保证广告活动的计划性

现代意义上的广告活动已经发展成一项复杂的系统工程，其范围、规模和经费投入日渐增大，所使用的工具、手段日渐复杂。因此，进行广告活动必须有一定的计划性，必须对资金投入、投放媒体、播出时段、广告语等做周密的策划。策划可以明确广告目标，使广告活动避免盲目性；可以有计划地安排广告活动的进程和次序，使广告费用的投入更合理；可以针对目标群体科学地选择有效媒体及推出方式，使广告活动推广更高效。

4. 企业创名牌的有效手段

创名牌不是一朝一夕之事，仅仅通过一两次广告活动是很难实现的，它是通过持之以恒的长期努力完成的。有的企业通过广告打开了市场，就以为万事大吉了，认为再做广告是一种浪费，而没有意识到广告是一种投资，具有投入产出的属性。广告策划可以保证广告活动不间断、有计划、有步骤地推出，能够保持广告活动前后目标的一致性、连贯性和效果的递进性，从而成为企业创名牌的有效手段。

（五）广告策划的原则

广告策划是企业经营管理中的一个重要组成部分。对于企业管理决策来说，广告策划是一个子系统，它根据营销计划和营销目标进行。但就自身看，它又是个有着特殊规律的系统工程。尽管企业的经营模式、策略等各有不同，每次广告活动的任务要求也千变万化，但进行广告策划时，却有一些共有的基本原则。

1. 目标的明确性

不论开展何种活动，都需要围绕着既定的目标开展，广告策划也不例外。企业在经营过程中，由于时间、范围、类别等的不同，可能制定出多种目标，在企业经营目标和营销目标指导之下的广告活动，也必然会出现多种目标需要谋划决策。但是，每次广告活动通常只能实现其中的一两个目标，因此，广告策划必须明确选择本次广告活动的主要目标，为达到特定的目的而采取相应的战略战术，进行合理的资源配置，避免东一榔头西一棒槌，无的放矢，造成人力、物力、财力和时间等的浪费。

明确了目标，实际上就是明确了广告活动的指挥调度中心，就可以把广告活动的各个环节串联起来，把广告活动的各种功能调动起来，把广告传播过程中的无序转化为有序，为实现既定的传播任务奠定基础。当然，明确的目标必须正确，这需要在广告决策中进行精心的运筹和把握。

2. 筹划的全局性

广告策划需要涉及广告活动的方方面面，是指导整个广告活动的纲领。广告策划的各个方面，又形成一个相互关联、相互依存、彼此制约、互相影响的有机整体。因此，进行广告策划时要考虑周全。从横向方面看，要使策划活动的各个组成部分、各个环节系统能够协调、统一，保持总体的最优化。从纵向方面看，策划的各个过程和阶段都要缜密思量，减少无序和不确定性，处理好全局和局部利益、长远和眼前利益的关系，多从全局和长远着眼。整个计划一旦确定下来，一般不要随意变动，否则，就会牵一发而动全身，造成被动的局面。

3. 运作的层次性

广告策划是一个系统工程，每一个环节、步骤，都是按照一定的顺序组合起来的，层次结构具有统一性。广告策划的过程构成了一个链条，其中的某一个环节、要素发生变化，都会使其他环节、要素相应发生变化和调整。认清广告策划的这一特性也是很有意义的。广告策划人员应善于把握广告策划活动的性质、职能、特点和运动规律，分清和把握好层次结构，既发挥各层次的能动作用，又确保在整体方针指导之下，依照严格的程序进行运作；既调动个人的积极主动性，又注意集体智慧的整体融合。

4. 决策的事前性

广告策划是先于广告活动而进行的，故而必须杜绝随意性和盲目性。预谋、决策，要建立在对整个广告活动充分了解把握的基础上。因此，进行广告策划特别要注意做好调查研究工作，掌握各个方面、各种要素的情况，确保广告策划的主观性与客观性相一致；要有预见性，能比较准确地把握广告活动开展后可能发生的情况，预测到广告传播后可能产生的效果。

5. 操作的可行性

可操作性贯穿于广告策划的全过程，即在进行每一项策划时，都要充分考虑所形成的策划方案的可操作性。策划方案形成后，必须进行可操作性分析，以便选出最优方案或做最后的抉择。

广告策划的目的是帮助广告主更好地实现广告目标，广告策划的内容应便于执行。因此，广告策划要在企业战略的指导下制定出可以操作的方式方法，使广告策划的思想和意图能够真正落到实处，使广告效果和效益得以真正实现。而不具有可操作性的广告策划只是纸上谈兵，不管多么独特新颖，都将是毫无意义的。可操作性包括环境条件的可能性、广告主的可承受能力、广告公司的可执行能力等内容。

6. 内容的创造性

广告策划活动是一项人才密集、知识密集、技术密集的高创造性活动，是策划者足智多谋的行为过程，创造性是广告策划的核心特点。高明的策划方案大多是由奇思妙想组成的，做别人未做过的事，想别人未想过的点子，是广告策划的核心。

7. 变动的调适性

世界上没有一成不变的东西，任何事物都在运动变化之中，广告活动也不例外，因此，广告策划也是一个动态的过程。当广告所面临的各种环境有所变动时，广告策划需要因时而变、因势而动，根据实际情况及时地做适当修正和调整。

实操训练 1-1

《试论世界广告的历史演进与历史坐标》一文以世界广告发展演变为依据，叙述了广告发展的 3 个历史阶段。世界广告业的发展是一个漫长的过程，从商业广告出现到今天，经历了以广告表现形态的发展为主要特征的个体活动阶段，以专业化运作和行业竞争为主要特征的行业竞争阶段和以资本运营和规模化运作为主要特征的广告产业运作阶段。

全班分组阅读此文并进行汇报，加深对广告发展的理解。

实操训练 1-2

广告策划概念来源于策划概念，是策划概念外延的若干分类中的一类。你认为广告策划与其他策划类别相比，有哪些特殊性？

1.1.2 广告策划者的素质

广告策划是一项知识与智力密集型的工作，要做出高水平的广告策划，广告策划者必须具有良好的个人素质。

（一）良好的职业道德与社会公德

具备良好的职业道德和社会公德是对广告策划者最基本，也是最重要的要求。广告人必须真诚地为客户服务，努力地为广告业添砖加瓦，而不是抹黑广告业；不能只管自己的经济收益而不管公司、企业的形象或经济利益。广告人必须要有强烈的社会责任，大卫·奥格威的名言"绝对不要制作不愿意让自己的太太、儿子看的广告"，就提醒广告人不要误导消费者或欺骗消费者。广告宣传历来强调为消费者提供有益的产品信息，从而诱发需求、刺激购买，其实质是满足人的某种需要。如今及未来的广告更多地强调品牌性格、品牌个性，其中包含了人的价值观念、社会责任、处事原则等，同时也体现了广告人的人生观、世界观、价值观、责任感等。试想，如果广告人不顾公共利益，缺乏职业道德，只要能利己，什么都可以干，这不是后患无穷吗？由此可见，具备良好的职业道德和社会公德对一个广告人来说至关重要。"广告体现着一个国家的精神"，广告传播要以诚信为本，诚信也是广告人应具备的职业道德和社会公德。

（二）良好的科学素养与人文素质

广告业属于知识密集、技术密集、人才密集并不断更新迭代的高智产业，而有些人把它当成投入少、赚钱多，甚至"无本万利"的行当；也有人认为，只要能写几个艺术字，能画几幅简笔画，就可以从事广告业。这种浅薄的认识导致的后果，便是低劣的广告作品充斥我们的视野。全球化趋势迫使我国的广告业必须在质量上提高，与国际广告业接轨，缩小差距；要求我国的广告人必须是兼具科学素养与人文素质的高素质人才。

科学与人文结合才能构成正确的富有创造性的思维。爱因斯坦曾指出："用专业教育人是不够的，通过专业教育，个体可以成为一个有用的工具，但是不能成为和谐发展的人。"

在知识经济时代，广告人的知识结构应是"T"字形的，上面的横线表示整体知识的横向宽度，下面的竖线表示本专业知识的纵向深度。如果只广泛涉猎知识而缺少对专业知识独到精深的见解，其缺点是显而易见的。"百通不如一精"便是对这种人才的否定。反之，只强调专业知识的深度而忽略了知识面的宽度，易发生知识结构的木桶短板效应。所谓"木桶短板"，是指知识构成缺少一种动态的平衡而使收益流失，犹如木桶的盛水量取决于最短的那块木板，从而使其他木板的高度优势发挥不出来。"T"字形知识结构强调的则是博专相济、相辅相成。

（三）良好的沟通与协调能力

任何广告都不是一个人能完成的，广告运作过程要体现协调一致的团队精神，而沟通能力是广告人的基本功。广告人应有一定的亲和力，善解人意，善于与人沟通，如与客户沟通，与目标消费者沟通，与广告合作伙伴沟通。协调各个方面，采用各种相关的营销手段，整合多种服务的能力，对广告人来说是十分必要的。在广告运作过程中，广告公司各个部门之间、每个部门的各个成员之间必须群策群力、团结一致、齐心协力。

现在的企业不会孤立地安排一两个广告，往往有战略上的整体考虑，从而将广告作为企业整合营销传播的一个组成部分，使其与其他部分相互配合。这样一来，广告公司仅靠自己的力量是不行的，必须合作、结盟，把各方面的力量整合起来，扬长避短，形成综合优势，承担综合任务。企业并不希望广告公司什么都做，更希望广告公司有很强的协调能力，把社会资源有效地协调起来，从而达成企业所期望的营销传播目标。

（四）高创造性是广告人的核心素质

广告业是一个充满竞争的行业，广告策划强调体现独特卖点。广告人如果只重视知识的积累而忽视创新能力的培养，拘泥于现成的教育模式，必然作茧自缚，被充满活力的广告业所抛弃。美国广告专家大卫·奥格威在 20 世纪 60 年代提出："创意是广告的灵魂。"可以说，创造性思维水平的高低，决定着一个人能否在广告界有所建树。优秀的创意，需要复杂的创造性思维活动。广告策划活动是才思、智慧、想象力及创造力的结晶。纵观中外广告史，没有一个成功的广告不是充满了开拓与创新的精神，没有一个成功的广告策划不是充满了高素质广告人的智慧之光。正如大卫·奥格威所说，"如果广告活动不是由伟大的创意构成的，那么它不过是二流作品""如果海报内容没有卓越的创意，注定是要失败的"。广告行业需求的策划人才，不是"学究气"十足的饱学之士，而是具有创造性的新型人才。广告人应保持富于进取、勇于创新的年轻心态，善于从不同的角度发现被人忽视的东西，并能用生动、准确、形象的方式予以表现。

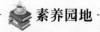

素养园地

广告人的心理调节能力

广告行业不只是一个富有机遇、充满光明前途、令人瞩目的行业，它更是一个需付出艰辛劳动、经历各种挫折与失败、充满竞争与挑战的特殊行业。它对从业人员的职业素质和心理素质有较高的要求。因此，并不是所有人都能成为合格的广告人。

广告人的职业压力主要来自过度的自我焦虑及过高的自我角色期望，这是由广告行业的性质决定的。首先，广告客户一般都要求有固定的完工时间，但对于广告人来说，广告策划是一个系统工程，它不只是一个艺术创作过程，更是如实地反映产品或服务的特性并进行准确传达的过程。为此，广告人只有付出足够艰辛的努力，才能捕捉到创作的灵感。其次，广告人必须充满竞争意识和强烈的责任心，工作时全身心地投入，而来自日常工作的种种挑战及过快的生活节奏等，会给他们带来焦虑和压力。最后，广告人为了满足客户对他们的角色期望，就必须按规定的行为准则去完成他们的角色行为，这就有可能限制他们在其他方面的发展，在这种情况下，广告人就可能陷入受个人角色局限的焦虑与紧张中。

广告人不能只是进行消极、被动意义上的适应，如忍受、克制、屈从等，而应该进行积极、主动意义上的适应，如调整、改善、克服、适度宣泄等。调节与适应的过程就是一个改造与发展的过程，而将压力转变为激发创造的动力的能力，正是广告人应该具备的。优秀的广告人只会"利用"失败，而不会被暂时的失败和挫折打倒。

实操训练 1-3

请完成自我介绍，要求对照广告策划人员的基本素养，运用 SWOT 分析工具分析自己目前的情况，并提出今后的职业发展规划。

1.2 广告策划的一般流程模式

1.2.1 广告策划的运作流程

一般来说，广告策划活动是一个动态的过程，是一个环环相扣的过程，一份完整的广告策划应该包括策略、策划和计划。在广告策划活动过程中，处在同一链条上的广告主、广告代理商、广告媒体表现出各自鲜明的功能并进行充分的配合。广告主规划市场战略、提出广告运作要求、评估总体广告计划、平衡广告预算；广告代理商展开战略研究和分析、制定广告运作策略、进行广告创意设计、制定媒体策略、进行媒体发布；广告媒体进行广告发布和提供媒体数据。

下面分别介绍广告策划的整体运作流程和阶段性运作流程。

（一）广告策划的整体运作流程

策划贯穿于整个广告运作流程，现代意义上的广告策划的工作内容极其丰富，主要包括市场调查与分析，制定广告目标，制定广告策略，制订广告执行计划，制定广告预算，广告效果评估等。广告策划的各环节并不是独立的，只有做到环环相扣、密切配合，才能最大限度地发挥广告策划的作用。

1. 市场调查与分析

市场调查与分析是广告策划的基础，是整个广告运作流程中必不可少的第一步。这里所说的市场调查是指对与广告活动密切相关的一手和二手数据的调查对这些数据进行定量或定性分析后得出的市场结论，可为后续的广告策划工作的开展提供依据。市场分析主要包括宏观环境分析、市场环境分析、企业产品分析、竞争对手分析、消费者分析等。在市场调查与分析的基础上，对结果加以总结，并进行 SWOT 分析，有利于企业确定自身面临的优势、劣势、机会和威胁。

2. 制定广告目标

广告目标是指企业通过广告活动要达到的目的。广告目标要服务企业的总体营销目标。广告目标有长期目标、中期目标、短期目标之分。企业通过不同广告目标的实现，传播一定的信息，达到产品促销、改变消费观念、提高品牌知名度、提升企业形象等目的。在制定广告目标时，应尽可能具体、量化，使广告目标具有可行性和可控性。

3. 制定广告策略

广告策略是实现、实施广告战略的各种具体手段与方法，是战略的细分措施。广告策略通过综合配置企业的资源，使其发挥出最大的效果，在整体上把控着广告活动的方向。广告策略一般包括广告定位策略、广告诉求策略、广告表现策略和广告媒体策略等。

在广告运作中，广告定位策略非常关键。定位是否合理直接关系到广告策划的最终效果，同时定位的内容决定着广告诉求的重点。定位的目的就是确定产品与众不同的优势及其在消费者心目中的独特地位，决定广告说什么。

广告诉求策略负责选择最合适的方式将广告主张传递给消费者，决定广告怎么说。

广告表现策略的制定是一个承上启下的环节：在完成了前面工作的基础上，要进行广告作品的构思、设计和制作，就需要制定广告表现策略来对诉求风格、创意、设计和制作的原则进行确定和说明，决定广告表现方式。

广告媒体策略负责将广告目标转化为可行的媒体目标，通过媒体应用的策略方法与原则，制定出可行的媒体实施方案，决定广告放在哪。

4．制订广告执行计划

广告活动是从创意、表现、设计、制作到实施的过程，因此需要制订执行计划，确保每个环节的质量。广告执行计划是在确定的广告诉求的基础上，为确保其顺利实现而制定的具体措施和手段，具体内容涉及广告活动的时间、地点、媒体发布频率、活动形式等，与媒体、产品和目标市场密切相关，是广告策略的具体化过程。广告执行计划要尽可能翔实、完整，以保证计划得以顺利实施和开展。

5．制定广告预算

广告预算是对广告活动费用的计划和控制。准确地制定广告预算是广告策划的重要内容，是企业得以顺利开展广告活动的保证。在广告预算中，广告策划者要将本次广告活动所需的费用明确地列出来，对它的分配情况进行详细的阐述。

6．广告效果评估

广告效果评估在广告活动中占有极其重要的地位，它是检验广告活动成败、提高广告活动水平的重要手段，也是广告主最关心的部分。广告效果评估可以判定广告活动的传播效果，为接下来的广告策划提供参考依据。广告效果的评估方法取决于事先确定的广告目标。

由于广告的说服诱导是漫长积累的过程，因此广告效果评估应从广告的传播效果、销售效果和社会效果 3 个方面综合衡量。广告效果评估分为事前、事中、事后 3 个阶段。

上述流程不是广告策划的全部内容，只是择其要而已。在具体广告策划实务中，应该根据具体企业的具体广告事项选择相应的内容，或突出某些内容，或减少某些内容，以实用为主。

（二）广告策划的阶段性运作流程

在广告运作的过程中，需根据客户的需求进行广告信息发布的整体运作：从调研开始，分析出市场战略和广告战略；然后依据结论制定出表现策略和广告媒体策略，制作广告作品，制订媒体计划，最后发布信息。完整的广告运作过程涵盖范围广、执行难度大、工作量大，要想完成一个完整的广告策划案，需要团队成员及其他部门的配合。

与完整的广告策划案相对的是阶段性广告策划案。阶段性广告策划案根据客户的实际需要，只涉及媒体策略、终端广告活动方案、某项广告推广活动计划的安排等阶段性的工作。阶段性广告策划工作难度较小，工作流程单一，工作小组人员配备也较为单一。

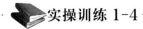**实操训练 1-4**

某品牌连锁奶茶店即将在学校附近的商业街开业，请你考虑其短期的广告策略要点，并在此基础上拟定其开业典礼当天的现场广告活动计划。

1.2.2　广告策划的工作流程

现代广告集谋略与科学程序于一体。广告策划人员需在科学的策划谋略和策划意识指导下，严格地按照现代广告操作的基本程序，遵循确定的工作方法和步骤进行策划运作，才能使广告策划顺利进行并保证广告策划成功。

一个完整的广告策划周期由数个不同阶段组成，不同阶段的策划工作对象、内容、目标均有所不同。根据这种不同对广告策划运作过程加以把握，有助于抓住中心突出重点，明确各个阶段不同方面的特殊性，保证策划工作按部就班、有节奏地进行。通常情况下，一个规范的策划运作可分为整体安排和规划、市场分析、战略规划、计划制订、文本编写、实施与总结 6 个阶段。

（一）整体安排和规划阶段

（1）组织策划小组。策划小组需要集合多方面的人员。如果实行客户执行制度，则主要有客户执行、创意策划、设计制作及媒介公关人员。这些人员通常由一个策划总监或者策划主管负责统领。

（2）规定任务，设定各项时间进程。这是对前期策划工作的落实。

（二）市场分析阶段

（1）市场调查，搜集信息和相关资料。立足于与消费者的良好沟通，有选择地吸取营销调查的相关成果。

（2）研究与分析相关资料数据。对全部市场调查资料进行归纳、总结与分析，要求能够描述现状、揭示趋势，为进一步制定策略提供依据。这个阶段的有效工作有助于确立广告的目标、受众、诉求、表现及实施策略。

（三）战略规划阶段

这是整个广告策划的核心运作阶段，也是广告策划的主体。

（1）集中并总结归纳前期调查分析的成果，对调查研究结果做出决定性选择。但这一时期，对于同样的调查研究数据，往往会有不同的或相反的策略判断，也可以说，仅有调查分析数据并不能保证策略正确、广告成功，还需进行战略规划。

（2）战略规划就是以策划创意人员为中心，结合相关人员对广告目标加以分析，根据目标市场策略确定广告的定位策略和诉求策略,并进而发展出广告的创意和表现策略,根据产品、市场及广告特征提出合理的媒介组合策略、促销组合策略等。

（3）这个时期的规划还涉及广告机会的选择、广告计划的制订及有关广告预算和策划报告的撰写。

（四）计划制订阶段

这个阶段把战略规划用具体系统的形式加以规范化，把此前策略性、思想性的各种意向，以一种详细的展示和限定形式加以确定，以保证策略的实施。制订计划时，首先要确定广告运作的时间和空间范围，还要求对媒介的选择和运用做出限定，包括怎样的媒介组合比较合理，如何安排媒介才有可能合理有效地发挥作用，广告的投放频率如何，用多少预算经费才能支持这样的投放频率等。

在一个完整的广告策划中，计划的制订使策略具备了可操作性，有了落实的条件。一个好的计划不仅能保证策略的执行，也可完善和补充策略的某些欠缺和不足。

（五）文本编写阶段

（1）编制广告策划文本，即广告策划书。把全部市场研究结果和策略及操作战术用文本形式加以规范表达，便于客户认知及对策划结果予以检核和调整。

（2）与客户进一步沟通，并对策划进行说明，最后就广告策划方案达成一致意见。

广告策划书不仅是策划成果的集中体现，也是策划人员向客户进行说明并争取广告业务的文本依据，因而必须经过多重修改审定之后才能完成。广告策划书的写作有自己既定的程式，它是广告策划各个阶段工作的系统整合。

（六）实施与总结阶段

（1）计划实施与监控，包括组织人员进行创作、设计和媒介发布，并对整个过程进行监控和必要的调节。

（2）评估与总结。在广告策划整体运作完毕之后，按照既定目标对广告活动结果加以评估，并对整个工作予以总结

广告策划是一种创造性工作，在内容、运作程序、方法、文本等许多方面均呈现出程序化的特征。但是，这些程序环节的划分是相对的，在实际工作中应该灵活掌握。

实操训练 1-5

组织全班同学进行自我介绍，要求每个人记录下对同学的印象，并根据印象自由进行广告策划团队的组建，要求组建的广告策划团队必须符合广告策划整体需求，并要求学生分享组队的缘由和感受，完成表1-1。

表 1-1　广告策划团队的组建依据

自我介绍后印象

1.

2.

3.

自由组队后印象

1.

2.

3.

最终组队的缘由和感受

1.

2.

3.

单元
2

广告策划目标制定

知识目标

熟知广告目标的类型。

技能目标

能制定较合理的广告目标。

素养目标

熟悉广告目标的制约因素，并能细化目标的具体指标。

制定科学合理的广告目标。

在广告发布和实施的过程中，严格遵守《中华人民共和国广告法》，坚决抵制不正当竞争行为。

 2.1 广告目标的类型

2.1.1 广告目标的概述

（一）广告目标的定义

《现代汉语词典》（第7版）对"目标"一词的其中一种解释是"想要达到的境地或标准"，据此，我们可以把广告目标理解为"广告活动想要达到的标准或目的"。

从广告策划的流程来看，一方面，广告目标是根据企业的经营战略和广告战略制定的，广告目标必须服务于企业经营战略的实现，不能与其相违背；另一方面，广告目标也为广告策划中接下来的各项任务奠定了参照基准，指明了广告活动的方向，其他广告活动如媒体的选择、表现方式的确定、广告应该突出哪些信息内容等，要围绕广告目标来考虑。同时，广告目标也是在广告活动结束后评价广告活动效果的重要依据。

> **延伸阅读**
>
> #### 秦池酒的"标王"之惑
>
> 1995年，秦池以6666万元的高价击败众多对手，勇夺CCTV标王，为自身带来了巨大的影响力和声誉。秦池在全国一夜之间由无名小辈变成公众明星，产品知名度、企业知名度大大提高，使自身在白酒品牌众多的中国市场成为名牌。在此基础上，全国各地的商家纷纷找上门来，秦池在很短的时间建立起布满全国的销售网络。在有利条件下，秦池的经营有了更大的回旋空间，单产利润也提高了，秦池迅速形成了全国市场的宏大格局。经营上的业绩充分体现了标王的巨大宣传作用。
>
> 1996年11月8日，秦池以3.2亿元的天价卫冕标王。与首夺标王的反应截然不同，舆论界对秦池更多的是质疑：秦池准备如何消化巨额广告成本？秦池到底有多大的生产能力？广告费会不会转嫁到消费者身上？
>
> 1997年初某报编发的文章《雾里看花访"秦池"》披露了秦池的实际生产能力不足及收购川酒进行勾兑的事实，这引起了舆论界与消费者的极大关注。在新闻媒体的一片批评声中，消费者迅速表示出对秦池的不信任，秦池的市场形势开始全面恶化。尽管秦池的广告仍旧铺天盖地，但其从此一蹶不振，这个一度估值达6亿元的知名品牌最终从公众的视野中彻底消失。
>
> **案例启示**
>
> 广告目标的选择和确定从根本上决定着企业整个广告活动的成败。没能根据企业的营销目标去制定广告目标，以及广告目标不明确是秦池走向衰败的重要原因。

（二）广告目标的功能

1. 作为广告活动沟通和协调的工具

广告目标在为广告主、广告公司的管理人员及创意团队提供一种沟通工具同时，也可以协调诸如广告撰稿人、广播广告专家、广告客户和研究专家等人群之间的工作。

2. 为决策提供衡量标准

如果有两个广告活动方案，那么就需要从中选出一个。与其依靠决策者的经验，还不如通过目标去寻找最适当的活动方案。

3. 形成评价广告效果好坏的依据

在一个广告活动结束后，预先设定的目标可以用来对活动是否成功进行评估。

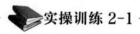 **实操训练 2-1**

在整个广告策划的活动中，广告目标的制定处于什么样的环节和地位？

2.1.2 广告目标的类型

广告主投入大量的广告费用，是为了达到一定的广告目标。然而，广告目标的制定是一个复杂的问题。企业的活动千差万别，企业的广告目标也各有不同。如果企业积压了一批产品，急需脱手，那么企业需要的是向消费者推销的广告目标；如果企业的产品刚刚进入市场，那么企业需要的是尽快在消费者心目中树立企业形象的广告目标；如果企业产品销售顺畅、企业形象也不错，但企业想保持市场占有率和加深消费者对自身的了解，那么企业需要持续有计划地做广告宣传，实现一种长期的目标。总而言之，企业所希望的"广告目标"各有不同。和其他任何商业活动一样，我们必须在清楚地了解广告主的具体意图后，才能实施广告活动。

对于广告目标的分类有助于我们更加科学地制定广告目标。具体来说，常见的广告目标划分标准有广告目标的内容、广告目标的层次、广告目标的范围、广告目标的时间期限、广告目标的重要程度等。

（一）根据广告目标的内容进行划分

根据广告目标的内容，广告目标可以归纳为品牌型目标、销售型目标和竞争型目标3 种基本类型。

1. 品牌型目标

品牌型目标指的是企业的广告活动以扩大企业或品牌的社会影响，提高知名度和美誉度为主要目的。品牌型目标不以单纯的提高销售量为目的，而是通过长期的广告宣传，建立品牌与社会和消费者之间良好的关系，树立良好的品牌形象，在不断提高品牌知名度的同时，培养消费者的品牌美誉度和忠诚度，形成持久的品牌效应，从而达到间接影响公众、促进销售的目的。依据企业发展阶段和经营战略的需要，品牌型目标又分为创造品牌型目标和保持品牌型目标。

（1）创造品牌型目标

创造品牌型目标是企业在推出新产品或为产品开拓新市场时常采用的广告目标，是指通过对产品的详尽介绍等手段，提高消费者对产品或品牌的认知程度，提高产品或品牌的知名度、理解度和记忆度。为实现此种广告目标的广告一般属于开拓性广告。

（2）保持品牌型目标

保持品牌型目标一般是企业巩固已有市场，并在此基础上开发潜在市场时常采用的广告目标。企业通过连续广告的形式，加深消费者对产品或品牌已有的认知，使现有消费者形成习惯、对品牌产生偏爱和信任，使潜在消费者产生兴趣和欲望。为实现此种广告目标的广告一般属于守成性广告。

2. 销售型目标

销售型目标指的是企业的广告活动以提高产品的销售量为主要目的。销售量增长是广告营销活动追求的直接目标，大多数广告战略最后的目标都是促进销售量的增长。这类广告以消费者的心理和行为为广告诉求的基点，主要通过刺激消费者的消费欲望，诱导消费者的消费兴趣，来增加消费者重复购买产品的次数，实现销售量的增长。

3. 竞争型目标

竞争型目标主要是以争夺市场和消费者为主要目的。这类广告一般具有进攻性，直接面对竞争对手，其目的在于分割竞争对手已有的市场，争取竞争对手已有的消费者。通过比较产品优势，动摇消费者对竞争对手产品的偏好，转而消费自己的产品。这类广告由于具有直接挑战性，所以容易引起竞争对手的反击。这就要求企业一定要对竞争对手有非常透彻的了解，同时要充分考虑自身的实力，否则不但不能打败竞争对手，还有可能被竞争对手反击，对企业的发展造成不利影响。

（二）根据广告目标的层次进行划分

广告活动归根结底是一种营销传播活动，所以广告活动的目标也可以分为传播的目标和营销的目标，或者说沟通的目标和销售的目标两个层面。

广告的作用根本上就是通过沟通广告主与目标消费者，促进现有或潜在的消费者采取购买行动，在这一过程中，我们又可以把广告目标细分为 3 个层次和 5 个阶段。图 2-1 左侧为"广告金字塔"，金字塔的底端到顶端分别概括了广告发生作用的 5 个阶段，即知晓—了解—信任—欲望—行动。广告能够实现的最基本的目标就是扩大知名度，让更多的人了解企业、组织、产品、品牌，对应的就是知晓阶段，属于认知层次；再进一步，广告还有增进认知、促进理解，进而劝服消费者对产品或品牌产生信赖，并诱导他们产生购买愿望的目标，对应的分别是了解、信任和欲望阶段，属于态度层次；最后，广告的最终目标是让消费者采取购买行动，对应的是行动阶段，属于行为层次。其中，认知层次和态度层次都属于广告在传播层面的目标，而行为层次则属于广告在营销层面的目标。

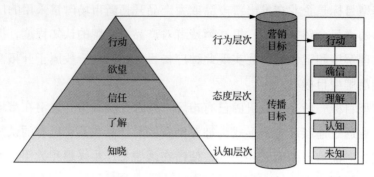

图 2-1　广告目标层次图一

图 2-2 展示了一个重要的广告理论——"DAGMAR 理论"。DAGMAR 理论的英文全称是"Defining Advertising Goals for Measured Advertising Results"，意为"为度量结果而确定广告目标"，1961 年由学者罗斯·科利提出。通常来说，大多数的广告主往往比较看重广告的营销功能，而看轻或者忽略广告的传播功能。但是 DAGMAR 理论认为，广告目标更多的应该是沟通的目标，而不仅仅是单纯的销售的目标。该理论从传播的层面出发，以广告信息传播影响消费者态度变化的视角，考察和分析了广告效果发生的过程，并将广告信息引发的消费者心理变化过程分成 5 个阶段，即"未知—认知—理解—确信—行动"。面对某一产品，消费者首先是从未知的状态进入知道名称、表示关心的状态，然后进入一睹为快的状态；随后理解产品的效用、性能、使用方法等；进而将该产品与其他同类产品比较，认为该产品优于其他产品；最后才采取购买行动。因此广告目标的设定也应该从这 5 个阶段去考虑。我们发现，DAGMAR 理论所揭示的广告信息引发消费者心理变化的过程，与广告金字塔所概括的 5 个阶段是基本一致的。

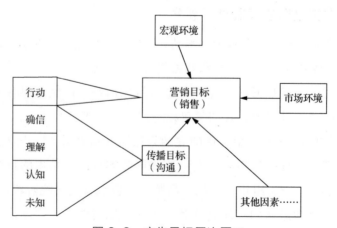

图 2-2　广告目标层次图二

因此，根据广告活动的基本原理，结合广告效果产生的过程，我们将广告目标划分为传播目标和营销目标 2 个层面，认知、态度、行为 3 个层次，以及"未知—认知—理解—确信—行动" 5 个阶段。这一划分不仅为我们以更加科学的维度制定广告目标提供了参考依据，更提醒我们，企业的广告活动应该直接对传播层面的目标负责，而不应该直接承担企业的营销目标。在图 2-2 中，因为最终影响企业销售的因素有很多，广告只是其中一个因素，我们不应该将广告目标和广告效果直接与企业的销量相结合。我们应该更多地从传播的层面考察广告活动，把广告活动看作是实现市场营销目标的一种传播手段，而市场营销目标则是广告活动的最终目的。广告的使命应该更多地体现在传播层面，并通过传播目标的实现，最终作用于营销目标的实现。

例如，某新能源汽车企业，下一年度的市场营销目标是将某款型号的新能源汽车的同比销量提高 5%，那么科学的广告目标应该是将产品的知名度提高 5%（指标和数值仅供参考，需视具体情况而定），而不是直接将广告目标设定为产品销量的提高。因为影响其销量的因素可能还涉及新能源汽车的政策和法规、油价的走势、新能源汽车技术的革新、竞争对手的情况，又或者是消费者环保观念的变化等。

（三）根据广告目标的范围进行划分

根据广告目标涉及的范围大小，广告目标可分为总目标和分目标。

1. 总目标

总目标是广告活动所要达到的最终目标，是从全局和总体上反映广告主要追求的目标。

2. 分目标

分目标是为了完成总目标而具体化的从属目标，是总目标下的各个具体目标。总目标统摄分目标；分目标体现总目标，为实现总目标服务。

（四）根据广告目标的时间期限进行划分

根据广告目标达成所需的时间长短，企业的广告目标又可以分为长期目标和短期目标，或长期目标、中期目标和短期目标。

企业的经营战略决定了广告目标。如经营战略是长期渗透战略，那么广告目标就要有长期目标和为了实现长期目标而制定的各相应阶段的短期目标，采用持久的广告手段和多种广告形式宣传企业和产品形象。

（五）根据广告目标的重要程度进行划分

在制定广告目标时，如果涉及的目标较多，则根据重要程度，广告目标可分为主要目标和次要目标。

1. 主要目标

主要目标是在所有的广告目标中统摄全局、宏观把握、具有导向作用、处于领导地位的战略目标，是整个广告活动的核心。因此，在开展广告活动时，首先要抓住主要目标，保证主要目标的实现。

2. 次要目标

次要目标是除主要目标之外的处于从属地位的目标。企业在制定广告目标时，在抓住主要目标的同时，也要兼顾次要目标，使各广告策略发挥其应有的作用。

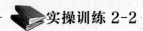

实操训练 2-2

你认为广告目标、营销目标、传播目标这 3 种目标之间是一种什么样的关系？

实操训练 2-3

假设你作为一家广告公司的项目经理，在广告活动执行后，经过广告效果评估，委托企业对产品销量并不满意，认为未能实现预期的广告目标，质疑广告公司的业务能力。请问你该如何应对？

2.2 广告目标的制定

2.2.1 广告目标制定的影响因素

影响广告目标制定的因素有很多，主要包括企业经营战略、宏观环境、市场环境、企业和产品自身情况、广告目标受众、广告效果衡量指标等。

（一）企业经营战略

广告目标服从于企业经营战略，企业采取的经营战略决定了广告目标。与广告直接相关的企业经营战略是市场营销战略，常见的市场营销战略有市场主导者战略、市场挑战者战略、市场跟随者战略、市场补缺者战略等，广告活动就要根据各种营销战略目标来制定自己的目标。

例如，通过发现新用户来扩大市场需求总量是市场主导者战略的常用方法。为了发现新用户，强生公司在美国出生率开始下降时，通过电视广告向成人推销婴儿洗发香波，取得了良好的效果。

（二）宏观环境

宏观环境是一个企业所面临的不可控却又会对企业的发展产生重要影响的因素。企业在开展广告等经营活动时，能否正确应对这些宏观环境关乎着企业发展乃至成败。通常，我们会借助 PEST 分析法和六子集系统对企业的宏观环境进行分析和判断。PEST 分析法将企业的外部环境分为政治（Political）、经济（Economic）、社会（Social）与科技

（Technological）4个方面。六子集系统则将企业的宏观环境分为经济环境、技术环境、政治法律及行业政策环境、人口环境、文化环境和自然环境。

在制定广告目标时，必须综合考虑企业所处的宏观环境的状况。例如，经济环境对企业制定广告目标有非常重要的影响，企业应随着经济环境的变化及时调整广告目标，以适应市场需求。如在通货膨胀期，消费者对价格十分敏感，所以企业的广告活动可以围绕价格开展，在诉求上特别强调产品的性价比；同时提供信息咨询服务，帮助消费者进行选择，以获得消费者的好感。

（三）市场环境

1. 市场结构

企业产品所面对的市场结构对广告目标的制定也有深刻的影响。从经济学的角度来分，市场结构有完全竞争市场、垄断竞争市场、寡头市场和完全垄断市场4种模式。面对不同市场结构中的企业，在广告目标的制定上也各不相同。

（1）完全竞争市场

完全竞争市场是指企业可以自由进出一个行业，在市场中各企业的地位平等，信息完全通畅且获得信息不需要成本，没有垄断的存在。在现实中，没有经济学上所说的完全竞争市场，但有些市场类似于完全竞争市场，如粮棉、油料等农产品市场就属于这类市场。在这种模式下，同行业的生产和销售企业非常多，它们以相同方式向市场提供同类、标准化的产品。由于产品差异性小，交易的买卖双方数量庞大。这类企业在制定广告目标时，通常把广告作为人员推销的辅助工具，以印刷宣传品、礼品广告为宜。

（2）垄断竞争市场

这种市场结构是指同类行业中生产和销售同种产品的企业很多，每个企业的产量或销量只占市场供给量的一小部分。它们的产品或服务可以相互替代，但在产品价格、质量、服务、地理位置等方面又存在差异，所以价格竞争对企业影响不大。这种市场如食品、百货、化妆品、服装等中小型零售市场。这种市场结构中的企业主要通过广告提高企业知名度，以提高顾客的回头率、挖掘潜在顾客、扩大市场占有率为目标。

（3）寡头市场

这种市场结构是指产品有很大的消费空间，而市场由少数几家大企业控制，它们掌握了绝大部分产品的生产和销售。在这种情况下，任何一个企业的行为都会影响到其他企业的行为。因此，这类企业一般不进行价格竞争，以免造成两败俱伤。在这种市场结构中，广告主要就是为塑造品牌、增加品牌的影响力服务，要围绕竞争对手、针对竞争对手制定相应的广告目标。

（4）完全垄断市场

这类市场结构主要是指国家支持的无替代产品的行业，如电力、自来水、天然气等；

垄断原料来源的企业，如钢铁、铝业等；稀缺自然资源企业；拥有专利权的企业；等等。这类企业由于其特殊性，一般不需要做广告，但随着经济环境和国家政策的变化，部分原来垄断行业也会出现竞争，如我国的电信、银行、电力等领域已经面临着非常严峻的竞争局面。这类企业可以着重从服务方面树立良好的社会形象，以获得社会公众的信任和支持。

2. 市场机会

在对市场结构进行分析的基础上，企业需要进一步发现并把握可能获得的市场机会，明确面对这个市场将要采取什么措施、实现何种目标。广告目标则应该依据企业目标和营销目标来确定。

 延伸阅读

吉列公司市场调查的成功案例

男人长胡子，因而要刮胡子；女人不长胡子，自然也就不必刮胡子。然而，美国的吉列公司却把"刮毛刀"推销给女性，最终大获成功。

吉列公司创建于 1901 年，其产品因使男人刮胡子变得方便、舒适、安全而大受欢迎。到 20 世纪 70 年代，吉列公司的年销售额已达 20 亿美元，成为世界著名的跨国公司。然而吉列公司的领导者并不以此满足，而是想方设法继续拓展市场，争取更多用户。1974 年，吉列公司推出了面向女性的专用"刮毛刀"。

这一决策看似荒谬，却是建立在坚实可靠的市场调查的基础之上的。

吉列公司先用一年的时间进行了周密的市场调查，发现在美国 30 岁以上的女性中，有 65% 的人为保持美好形象，会定期刮除腿毛和腋毛。这些女性除使用电动剃须刀和脱毛剂之外，主要靠购买各种男用刮胡刀来满足此项需要，一年在这方面的花费高达 7500 万美元。相比之下，美国女性一年在眉笔和眼影上的花费仅有 6300 万美元，在染发剂上的花费为 5500 万美元。毫无疑问，这是一个极有潜力的市场。

根据市场调查结果，吉列公司精心设计了新产品，它的刀头部分和男用刮胡刀并无两样，采用一次性使用的双层刀片，但是刀架则选用了色彩鲜艳的塑料，并将握柄改为弧形以利于女性使用，握柄上还印压了一个雏菊图案。这样一来，新产品立即显示了女性的特点。

为了使雏菊刮毛刀迅速占领市场，吉列公司还拟定了几种不同的"定位观念"，到消费者之中征求意见。这些定位观念包括突出刮毛刀的"双刀刮毛"，突出其创造性的"完全适合女性需求"，强调价格的"不到 50 美分"，以及表明产品使用安全的"不伤皮肤"等。

最后，公司根据多数人的意见，选择了"不伤皮肤"作为广告推销时突出的重点，刊登广告进行刻意宣传。结果，雏菊刮毛刀一炮打响，迅速畅销全球。

案例启示

　　市场调查研究是经营决策的前提，只有充分认识市场、了解市场需求、对市场做出科学的分析判断，决策才具有针对性，从而拓展市场，使企业兴旺发达。(资料来源：网易新闻，有删改)

（四）企业和产品自身情况

1．企业市场地位

　　企业的市场地位可以划分为4类：市场领袖、市场挑战者、市场追随者和市场利基获取者。

　　（1）市场领袖

　　市场领袖是指市场占有率最高的企业或品牌，在产业创新、经销渠道、价格调整及促销活动方面居于行业、市场的领导地位，是同行模仿或挑战的焦点。

　　市场领袖持谨言慎行的态度，提防挑战者，并寻找机会扩大市场份额。其常见的广告目标为：首先，扩大主体行业的市场规模；其次，保护已有的市场占有率；最后，在扩张主体市场规模的过程中努力追求提高市场占有率。

　　（2）市场挑战者

　　市场挑战者是市场占有率排名第二、第三、第四或第五名者，具有强劲的竞争潜力，在市场竞争中进可攻、退可守，常常是市场领袖担忧的竞争对手。

　　市场挑战者既可以挑战市场领袖，也可以进攻或模仿市场追随者或市场利基获取者，其广告目标应该围绕以上策略进行制定。

　　（3）市场追随者

　　市场追随者是那些在竞争中无意愿或无能力对市场领袖采取反击策略的企业。市场领袖通常以规模经济占据市场主导地位，如果这时市场追随者盲目引发价格战，在价格敏感的市场中便容易引起市场领袖的报复，或导致价格体系崩溃。因此市场追随者大多采取模仿协调、偏安一隅的策略。市场追随者认为，在市场竞争中"追随模仿"市场领袖的行为，要比采取对抗策略更为经济与安全，尤其在产品同质性高、消费者不易分辨产品差异时，更应如此。

　　市场追随者可以对市场领袖进行贴身追随，或采用财务相对差异性的思路，有距离地追随，其广告目标应该围绕以上策略进行制定。

　　（4）市场利基获取者

　　市场利基获取者的目标在于获取各个行业专业性高、规模小的市场区隔，这类专业型市场区隔通常为大企业所忽视，或大企业往往不具备专业能力而无意经营。当然，市场利基获取者仍要获得足够的市场规模，以期建立起具有相对优势、安全的利基市场。

　　市场利基获取者可以开发特定的产品，然后寻找专业化市场；也可以强化自身市场的安全性，其广告目标应该围绕以上策略进行制定。

延伸阅读

利基市场

利基市场又称"缝隙市场""壁龛市场""针尖市场"，指需求规模较小，其利益追求尚未得到多数生产者或供应商普遍重视的消费者人群。这一概念在市场营销领域中的引入始于20世纪80年代。按照菲利普·科特勒的界定，利基市场的识别主要涉及3个方面：该人群的规模较小；在针对该人群的需要提供服务方面目前尚属空白；具有获利的基础，即面向该人群的经营会有足够的获利空间。

2. 产品类型

产品类型也是影响广告目标制定的因素之一，如消费品和产业用品企业的广告战略目标是有区别的。例如，广告对于产业用品企业起着建立知晓、建立理解、有效提醒、提供线索、证明有效、再度保证等十分重要的作用；而对于消费品企业，广告除了以上功能外，更主要的是从消费者的心理出发，对消费者进行消费诱导，即企业通过广告活动建立消费者对本企业的品牌偏好，改善消费者对本企业产品的态度，鼓励消费者放弃竞争者品牌转而购买本企业产品。

3. 产品供求状况

一般来说，产品在市场上有3种供求状况：供不应求、供大于求和供求平衡。如果产品处于供不应求状况，则广告目标应以巩固已有的市场为主，需要进一步树立产品形象和品牌形象。如果产品处于供大于求状况，则广告目标应为加强引导消费者，通过广告活动来劝服消费者，加大产品的促销力度。如果产品处于供求平衡的状况，在制定广告目标时则一般以考虑供求关系以外的其他影响因素为主。

4. 产品生命周期

产品所处生命周期的阶段不同，广告目标也随之发生变化。产品生命周期一般包括4个阶段，即导入期、成长期、成熟期、衰退期。例如，在导入期，广告目标主要是配合营销促进消费者认识、了解产品；而在成长期，广告目标就是加强消费者对品牌的信任，树立品牌价值；在成熟期，广告目标则应该集中于提高消费者的重复购买率；在衰退期，广告目标就是保持消费者对产品或品牌的记忆。

（五）广告目标受众

广告受众是影响广告目标制定的重要因素。由于产品的种类不同，针对的消费目标群体各异，所以广告目标要根据消费目标群体的特点来制定，要考虑不同消费目标群体的消费心理、消费行为，关注产品的认知度、广告的回忆率、品牌的知名度和消费者的消费态度。

（六）广告效果衡量指标

广告活动将要达到的效果有一个指标体系，一般从产品销售情况、消费者行为和沟

通效果3个方面进行衡量。对于广告目标，可以有意识地根据广告效果的衡量指标来进行设定，而后又针对广告目标来测定广告效果。

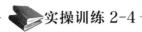**实操训练2-4**

　　某个学习小组以本地市场为宣传目标制定了广告策划方案，其选题是《自嗨锅（一款自热火锅品牌）××市场广告策划案》，你认为在制定广告目标时应该综合考虑哪些因素？

2.2.2　广告目标制定的常见指标

　　在现实广告活动中，广告目标应尽可能具体，且采取多种不同的形式。一次广告活动经常会有多个目标，如提高消费者对品牌的意识和兴趣，改变消费者对产品的观念和态度，影响消费者的购买意图，刺激消费者尝试产品或服务，将一次性消费者转变成常客，将竞争对手的消费者变成自己的消费者，提高销售量。例如，童装生产商就很可能这样制定自己的广告目标：保持自己在婴幼儿市场上作为领导品牌的形象，将该产品系列的销售收入提高15%。

　　根据广告目标层次的划分，在制定广告目标时，常用的指标包括认知、态度和行为这3个类别。

（一）认知层面指标

　　品牌知名度是常用来衡量消费者认知层面的指标，创造品牌和保持品牌的知名度是比较常见的一个广告目标。品牌知名度不仅能表明消费者是否知道这个品牌的存在，还能说明消费者从记忆中检索这个品牌的难易程度。对许多产品或服务来讲，消费者能从记忆中检索出产品或服务，预示着该产品和服务能占有一定市场份额。

　　例如，通过加强品牌或产品的宣传来提高品牌的知名度，能帮助新品牌或新产品进入目标市场，或开拓新的市场。

（二）态度层面指标

　　广告的另一个目标是形成或改变态度，常见的用于衡量态度层面的指标有美誉度、满意度、信任度等。改变消费者态度的一种方法就是给他们提供能改变他们认识的新信息，另一种方法是不断地让品牌与其他物品或背景产生联系，从而直接改变消费者的爱好，进而改变他们的态度。信息密集型广告的目的就是首先改变消费者的观念，进而改变他们的态度；而娱乐型广告的目的则是通过直接的作用转移影响消费者的态度。

　　例如，通过介绍新产品的用途或旧产品的新用途，提高消费者对产品的理解程度，进而提高品牌的美誉度，树立良好的企业形象和品牌形象；或通过纠正消费者对企业或产品的错误印象，或不确切的传闻来排除障碍等。

（三）行为层面指标

1. 试用率

试用反映了消费者的实际行为，因此，试用率常常被广告主用作广告目标。在很多时候，我们可以通过广告做得最好的事就是鼓励消费者尝试我们的品牌。在这个时候，我们的产品或服务必须与我们的广告形成的期望值相吻合。对新产品来说，刺激消费者试用，提高试用率是重要广告目标。

2. 重复购买率

重复购买率，即尝试新产品后再次购买这个产品的消费者占全部消费者比例，是衡量消费者重复购买行为的一个指标。对于一个产品来说，再次购买的消费者比例越高，其获得长远成功的概率就越大。

3. 品牌转入率

用于衡量消费者的品牌转换行为的指标包括品牌转出率和品牌转入率，后者是广告主制定广告目标时常用的指标，也叫品牌尝试率。对某些产品种类来说，品牌转换是司空见惯的事；但对另一些产品种类来说，品牌转换就很少见。在确定品牌转换这个广告目标时，广告主既不能过高地期望短时间内取得胜利，也不能对暂时的胜利高兴得太早。劝服消费者转换品牌是一项艰巨的工作。

此外，还有一些指标是介于态度层面和行为层面之间的，也常被用于广告目标的制定，如购买意向。之所以要影响消费者的购买意向，是因为意向比态度更接近于实际行动，因而也更接近预期的销售目标。虽然购买意向能说明一些问题，但要以消费者的意向表达非常可靠为前提。实际上，消费者有时能表明自己的购买意向，有时却不能。尽管如此，购买意向仍然是一个相当可靠的、与购买相关的指标。

实操训练 2-5

你认为本节介绍的这些广告目标的常见指标中，哪些属于营销（销售）层面的目标，哪些属于传播（沟通）层面的目标？

2.2.3 广告目标制定的基本流程

正如 2.1 节提到的，广告目标包含传播和营销两个层面，在广告目标的设定上，广告策划者和广告主的考虑常常有一些不同。广告策划者把广告当作沟通工具之一，并且强调整个沟通过程的复杂性，所以沟通目标（如知名度和态度变化）往往是广告的主要目标。对于广告主来说，由于企业越来越重视投入的回报率，因此，广告主开始严格审查营销方案，包括广告的预算及各个方面的表现。尽管要求重视沟通的呼声很高，但广告主仍然对销售目标（如提高市场份额和家庭渗透率）情有独钟。

所以，在制订广告计划时可以同时采纳这两种目标。将销售目标和沟通目标结合起来，制定出真正切实可行的广告目标，并对广告活动的实施和评估起到推动作用。广告目标的制定需要综合考虑多方面的因素，制定的步骤也可能是复杂和反复推敲的过程。以下流程可以为我们提供一定的参考。

（一）设定定量基准

只有在可以限定变量的情况下才可以对广告目标进行测量。广告策划人应该从定量描述入手，描述企业目前的市场份额、知名度、消费者态度或广告可以影响的其他因素。用定量术语描述广告效果要求策划人了解广告实施前后的兴趣变量水平。

例如，用定量术语说明广告目标可以是这样的："使同类产品中我们品牌的重度使用者的市场份额从 20%上升到 25%。"这样，广告计划就具体提出了一个可以限定、可以测量的市场份额目标。

 **延伸阅读**

DAGMAR 理论的实施步骤

DAGMAR 理论的应用可以贯穿广告策划的全过程，具体的实施步骤如下。

第一步，调查基准点，决定目标。

第二步，使关系者实施既定的目标。

第三步，针对目标，整合所有辅助活动，发挥合力。

第四步，测定广告效果。

例如，某公司在广告活动实施前先做了事前调查，即基准点调查（Bench Mark Survey），结果显示："不知道广告产品者"占消费者全体的 20%，"已知道广告产品但尚未达到理解阶段者"占消费者全体的 50%，"已理解广告产品但尚未达到确信阶段者"占消费者全体的 20%，"已达到确信阶段但未采取购买行动者"占消费者全体的 10%。实施广告活动后，再次进行广告效果调查，结果显示："不知道广告产品者"为 0%，"已知道广告产品但尚未达到理解阶段者"为 10%，"已理解广告产品但尚未达到确信阶段者"为 20%，"已达到确信阶段但未采取购买行动者"为 30%，"已达到行动阶段者"竟高达 40%。因此，广告的效果就可以从事前调查与事后调查的结果对比中显示出来，如表 2-1 所示。

表 2-1　调查结果对比

调查内容	调查阶段				
	未知阶段	认知阶段	理解阶段	确信阶段	行动阶段
基准点调查	20%	50%	20%	10%	0%
广告事后调查	0%	10%	20%	30%	40%
广告效果	-20%	-40%	0%	20%	40%

可以看出，"行动阶段"中提高的 40%就是广告产生的效果之一，效果之二是将 20%的"不知道者"推到"认知阶段"以上，效果之三是将"确信阶段"从 10%提高到 30%。

DAGMAR 理论的核心在于设定广告目标而非营业额目标。换言之，营业额目标是否能达成并不是广告的目标，但是否能实现信息的有效传播则是广告的目标。

（资料来源：黄升民、段晶晶：《广告策划》，中国传媒大学出版社，有删改）

（二）提出具体的时间期限

广告目标应该说明广告产生预期结果所需的时间。有些广告，如即时反应广告，其期限要求可能就是立竿见影或 24 小时；而对于以沟通为主的目标，可能到整个广告活动结束时才会对结果进行测量。关键在于策划人要在广告计划中提前说明完成目标所需的时间和相应的效果评估时间。

（三）提出具体的测定方法和标准

衡量一个目标是否是科学的，要看这个目标的实现情况能否被测定。在一个广告策划活动中，广告效果测定是起点也是终点。之所以要进行广告效果测定，主要有以下 3 种理由。

1. 看看是否实现了广告目标，实现了多少目标。这样就能知道哪些地方做得还不够，哪些地方失败了。

2. 看看广告活动的投资获得了什么回报。

3. 为以后的广告活动提供一些经验和教训，同时也为下一次广告活动提供可供对比的数据资料。

基于以上原因，在制定广告目标时我们要有目标管理的观念，将广告目标与一系列测试手段相结合。如果广告目标是提高品牌知名度，但测定广告效果的标准是销售量变化，那么这种测定根本没有用处。如果广告计划提出的目标是销售量变化，那就应该测定销售量；如果目标是提高知名度，那么知名度的变化才是测定效果的标准。

实操训练 2-6

某个学习小组的广告策划案选题是《自嗨锅（一款自热火锅品牌）XX 市场广告策划案》，通过前期的市场调研与分析，该小组得出以下结论："通过调查问卷的整理与分析，我们发现 XX 地区的居民对自嗨锅的了解并不多，购买过自嗨锅的人也不到一半。除了能查到自嗨锅企业注册日期等基本信息外，没有查到其他更多的资料，而且自嗨锅仅在线上销售，并没有进驻超市、便利店等店面。经我们上网搜索资料发现，目前中国网民的年龄集中在 20～50 岁之间，对于不经常上网的老幼人群来说，自嗨锅的宣传有点困难。不仅如此，我们在调查中还发现，与其他品牌的自热火锅相比，自嗨锅的知名度并不高。我们对这种情况进行了一系列的分析研究，并制定了合理的推广策略与执行方案。"

根据以上信息，请回答下列问题。

1. 你认为该小组的调研还有哪些不足之处？
2. 请为该广告策划案制定广告目标，其中具体的定量基准和时间期限可依据材料信息自拟。

2.2.4 广告目标制定的原则和注意事项

（一）不能与企业总体目标相背离

广告活动是企业整体营销活动中的一项具体工作，因而，广告目标不仅必须在企业目标和营销目标的指导下制定，还要密切配合企业目标和营销目标的实现，要符合企业整体营销的要求，不能违背企业的整体利益。

（二）切实可行，具体实在，可操作和衡量

广告目标是广告整体活动的核心目标，应具体明确。广告目标应与企业和市场的实际相吻合，不可盲目和理想化。广告目标要具有可操作性，能够被测量，如具体规定广告的收视率、阅读率、知名率、记忆率、理解率、喜爱率等。在一个广告活动中，一般只能根据企业的情况和需要，确定相应的一种或两种具体的目标。

（三）能与其他部门尤其是营销部门协调配合

广告目标的实现，还需要企业其他部门特别是营销部门的协调配合，以求得理解和支持。同时，广告目标还要与各项具体广告活动的子目标相一致，只有各个子目标实现，才能达到总的广告目标。

（四）即效性和迟效性的统一

广告发挥着促销的作用，但并不具备直接销售商品的功能。广告活动从展开到发挥作用，有一个弛豫过程。也就是说，广告活动在开始的一段时间内，效果并不明显。在确定广告目标时，必须考虑到这些因素，克服一蹴而就、急于求成的心理。

（五）具有稳定性

虽然广告目标有时需要随着企业经营战略的变化及时调整，但一般来说，一个广告目标是经过周密的考虑制定的，一旦确定下来，就不宜随意改动，要保持相对稳定性。只有在内外环境发生巨大变化时，广告目标才可以做出调整。否则，朝令夕改，不但影响广告活动的执行和广告效果的实现，甚至会影响企业整个经营战略的实现。

以上对广告目标的考虑，都是基于传统的单向传播关系的解析，基本上建立在广告说什么，消费者接受什么的模式上。这种模式对于企业营销目标的实现有着一定的作用。然而，当企业运用整合营销传播并能够建立起目标消费者的资料库时，广告目标的确定更多的是需要从构建互动关系着眼，巩固、加强与目标消费者的联系。

素养园地

《中华人民共和国广告法》第九条

第九条　广告不得有下列情形：

（一）使用或者变相使用中华人民共和国的国旗、国歌、国徽，军旗、军歌、军徽；

（二）使用或者变相使用国家机关、国家机关工作人员的名义或者形象；

（三）使用"国家级""最高级""最佳"等用语；

（四）损害国家的尊严或者利益，泄露国家秘密；

（五）妨碍社会安定，损害社会公共利益；

（六）危害人身、财产安全，泄露个人隐私；

（七）妨碍社会公共秩序或者违背社会良好风尚；

（八）含有淫秽、色情、赌博、迷信、恐怖、暴力的内容；

（九）含有民族、种族、宗教、性别歧视的内容；

（十）妨碍环境、自然资源或者文化遗产保护；

（十一）法律、行政法规规定禁止的其他情形。

法律责任： 发布《中华人民共和国广告法》（以下简称《广告法》）第九条规定的禁止情形的广告的，由市场监督管理部门责令停止发布广告，对广告主处二十万以上一百万以下的罚款，情节严重的，并可以吊销营业执照，由广告审查机关撤销广告审查批准文件、一年内不受理其广告审查申请；对广告经营者、广告发布者，由市场监督管理部门没收广告费用，处二十万以上一百万以下的罚款，情节严重的，并可以吊销营业执照。

📖 实操训练 2-7

某个学习小组的广告策划案选题是《自嗨锅（一款自热火锅品牌）××市场广告策划案》，根据前期的市场调研与分析的结论，该小组制定了如下的广告目标。

"短期目标：在短期内（2024 年 10 月 30 日到 2025 年 4 月 30 日）使品牌知晓率达到 XX 市人口的 15%。

长期目标：在 2024 年 10 月 30 日至 2025 年 10 月 30 日这一年的时间内，使自嗨锅在 XX 市的自热火锅市场占有率中达到 18%，品牌美誉度也要稳步提高。"

你认为上述广告目标有哪些可取和不足之处，应该如何改进？

单元 3

广告策划市场分析

· 知识目标

熟练使用 PEST 分析产品的宏观环境现状。

熟练使用 3C 分析产品的微观环境现状。

熟练使用 SWOT 总结产品竞争现状。

· 技能目标

能够合理设计问卷。

能够对问卷进行数据统计分析，并撰写调研报告。

· 素养目标

能够提出自己的独特见解，自信大方地展示调研报告。

了解我国广告策划相关法律法规，尊重市场经济、文化等宏观环境现状并依法、依规进行相关的广告内容策划。

3.1 广告策划的市场调研

3.1.1 广告调研的概述

（一）广告调研的概念

广告调研是围绕广告活动所进行的有计划的、有步骤的、规范的收集、整理和分析广告信息资料的过程，目的是获取准确的广告信息，为后续广告活动策划提供决策依据。

（二）广告调研的意义

1. 制定广告活动的基础

广告策划人员在策划广告活动时，需要搞清楚以下问题：竞争对手采取的广告策略是什么？消费者对某产品广告的评价如何？如何安排广告媒体投放计划？等等。因此，广告调研是策划广告活动的第一步，是策划广告活动的前提和基础。

2. 评估广告活动的依据

广告策划人员要评估某产品销量的提高是因为广告投入的增加引起的，还是因为其他因素（如季节性因素、降价因素、消费者需求变化因素等）引起的，广告投入究竟起到了多大作用，广告效果如何等，需要通过广告调研了解情况。广告调研是评估一个广告活动成功与否或广告效果好坏的重要依据。

（三）广告调研的类型

1. 探索性调研

探索性调研是为了界定问题的性质及更好地理解问题的环境而进行的小规模的调研活动。探索性调研可以将问题更加明确，进而识别出需要进一步调研的信息。探索性调研通常采用面访法进行调研，如拜访代理商、消费者进行深度询问，了解与产品相关的信息。也可以借助文献法进行二手资料的搜集，探究原因。探索性调研侧重调研"是哪个"。

2. 描述性调研

描述性调研针对某个广告活动的表现形式、传播效果、广告媒体选择等方面进行客观的描述，是广告调研中最普遍、最常见的一种调研方式，通常以问卷形式进行调研。描述性调研侧重调研"是什么"。

3. 因果关系调研

因果关系调研是研究广告活动中两个及两个以上因素之间关系的调研，如广告语对产品知名度的影响关系，品牌知名度与广告重复播放次数的关系等。因果关系调研侧重调研"为什么"。

（四）广告调研的内容

根据广告调研的目的，广告调研的内容多种多样，主要有以下几个方面。

1. 了解消费者需求情况

该类调研主要对消费者的生活方式、使用某一品牌的原因、购买意向、购买渠道、购买时间、购买数量、使用产品次数、对产品广告的印象、对品牌形象的评价等方面进行调研。

2. 了解企业和产品形象

该类调研主要是了解企业、产品或服务在消费者心目中的地位、形象、知名度、美誉度、识别度等一系列的信息。

3. 广告文案测验

该类调研要解决以下几个方面的问题：广告主题是否契合？代言人是否合适？广告语是否具有关联性？

4. 广告传播效果测定

该类调研实际上是检查广告对消费者所产生的影响，包括对消费者的认知、兴趣、偏好、欲望、行为等各方面的影响，以及消费者对广告的印象、感觉、联想、评价等信息。

> **实操训练 3-1**
>
> 以你所在班级为例，观察班级同学上衣的穿着情况，描述你所看到的信息。若将你观察到的信息反馈给某个服装经营者，你会反馈哪些营销建议呢？

> **实操训练 3-2**
>
> 打开你常用的某个电商平台，搜索"充电宝"，浏览 30 个左右的商家，谈谈给你留下最深印象的商家是哪家？其用了怎样的图片或文字进行广告宣传？

3.1.2 广告调研的方法

（一）广告调研的问卷法

1. 问卷的基本结构

问卷又称调查表，它是由一系列问句、备选答案或问答题等组成的调查表。问卷一般由以下几部分组成：开头、正文、附录、甄别。

（1）开头部分包括问卷题目、问候语及称谓、自我介绍、调研目的、调查意义、问卷填写说明、致谢等。

（2）正文部分包括单选题、多选题、打分题、排序题、矩阵题、主观题等。

（3）附录部分包括消费者的个人信息，如性别、年龄、职业、收入等。

（4）甄别部分包括地区甄别、性别甄别、年龄甄别、职业甄别等，目的是将不符合要求的信息剔除。

2. 问卷法的调研流程

（1）明确广告调研目的。

（2）围绕广告调研目的搜集相关资料，了解调研对象的基本情况。

（3）分解广告调研目的，围绕若干子目的设计问卷，形成问卷初稿。

（4）撰写问卷调研方案及抽样调研方法。

（5）试调研，修正问卷，形成正式问卷。

（6）问卷调研实施，为确保问卷调研真实性，严格执行"三场景"过程记录。

（7）问卷数据统计，图表制作。

（8）问卷调研报告撰写。

（9）问卷调研报告 PPT 制作及汇报。

3. 问卷设计和答案选项设计的原则

（1）问卷设计的 8 项原则：词句表达明确，避免含糊不清；用词简明扼要，避免冗长语句；用词通俗易懂，避免专业词汇；避免诱导性提问；避免一题多问；避免使用否定句或疑问句等提问；避免提问较长时间之前的事情或问复杂数字计算的问题；避免敏感的、禁忌的问题。

（2）答案选项设计两项原则：①穷尽性原则，这一原则就是要求所有相关答案都包含在问卷中，没有遗漏现象；②互斥性原则，这一原则就是要求问卷选项不交叉、不重叠，答案之间相互独立，互不相容、互为排斥。

（二）广告调研的文献法

1. 文献法的概念

文献法是通过查阅已有的文字、视频等资料，通过整理、分析这些资料，得出研究结论的一种调研方法。例如，通过查找最近 3 年各品牌汽车的价位、车型的销量情况，通过分析销量数据特征，得出消费者购买汽车的需求变化趋势。文献法是典型的二手资料调研法，经常配合问卷法一起实施。

2. 文献法的资料收集渠道

（1）企业内部：如可以从企业网站或企业管理层获得产品销售额、广告投放费用、广告投放媒体等存档资料。

（2）企业外部：协会组织的行业报告，如中国广告年鉴、收视率报告、媒体的广告监测报告等；专业类出版物，如公开出版的广告图书等；网络资源，如专业类网站；数字资源库，如各高校图书馆的数字资源库。

（三）广告调研的观察法

1．观察法的概念

观察法是调研人员对特定对象的行为或现象进行系统观察和记录，以获取所需信息资料的调研方法。

2．观察法的类型

（1）结构化观察和记录。提前做好详细的观察计划和记录表，按照计划和记录表的内容，一一记录所观察到的现象。

（2）非结构化观察和记录。调研人员看到什么就记录什么，没有特定的要求。

3．观察法的内容

（1）情景。人物的活动、事件的发生等都与特定的情景有关系，如某汽车展览是否吸引了消费者围观？某艺术培训班组织的表演活动是否吸引了消费者围观？等等。

（2）现象。如某一路段或商业街区的人流量情况，某商场的户外广告情况，等等。

（3）人物。主要观察不同人物的特征及其参与广告活动时的表现等，如要注意他们的年龄、性别、外表等信息。

（4）行为。观察人的各种行为，包括言语、表情、姿态、动作等，如观察消费者在某货架前挑选产品的过程等。

（5）频率和持续时间。观察事件发生或人物及其动作重复出现的频率、持续时间等。

（四）广告调研的面访法

1．面访法的概念

面访法是调研人员随机拦截消费者或有目的地选择消费者进行面对面的询问或交谈，从交谈中获得信息资料的一种调研方法。

2．面访法的操作流程

（1）明确面访主题和大纲。首先明确调研主题和目的，例如，针对上海市民开展以"中式快餐市场调查"为主题的面访，目的是了解上海市民对中式快餐的消费情况。其次，围绕主题设计面访问题，如"您对哪些中式快餐品牌广告的印象比较深刻""您选择中式快餐的原因是什么"等。

（2）确定面访对象，设计面访话术。首先要确定面访的具体对象；其次，根据面访对象的性别、年龄、职业等特点，设计有针对性的话术，尤其是问候语，要注意交流技巧。

（3）准备面访工具。面访前要提前准备好录像机、录音笔等工具。

（4）实施面访，并撰写面访报告。

（五）广告调研的网络问卷调研

1. 网络问卷调研的概念

网络问卷调研是在互联网上发展起来的新型调查形式，主要应用于网上调查。开展网络问卷调研可以利用问卷星、问卷网等常用的网络问卷平台。与传统的纸质问卷调研相比，在网络中进行问卷的设计、发布和数据收集，效率更高。

2. 网络问卷调研的流程

（1）注册网络问卷平台账号。以问卷星为例，在浏览器中搜索"问卷星"，打开相关网页并进行注册。

（2）在线设计问卷。打开问卷界面，选择相应的题目类型进行问卷设计。

（3）设置问卷的权限。在问卷星"问卷设置-权限设置"里进行作答次数设置，避免同一消费者重复填写问卷，从而提高问卷调研结果的真实性，如图 3-1 所示。

图 3-1　问卷权限设置

（4）设置问卷的发送方式。可以向 QQ 或微信好友发送问卷的二维码或链接，也可以将问卷二维码打印出来，让消费者用手机扫码填写问卷，如图 3-2 所示。

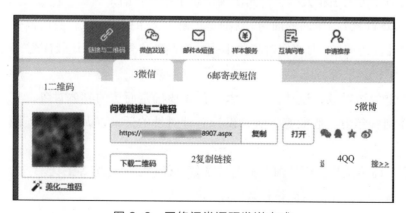

图 3-2　网络问卷调研发送方式

（5）问卷的数据统计与报告。问卷星后台将自动统计数据，并生成数据图表。调研人员在生成的图表基础上，对图表进行规范性调整，并撰写调研报告。

实操训练 3-3

某手机商家拟对某市大学生群体进行"手机品牌广告传播效果"调查，请为该商家设计问卷的开头部分。

实操训练 3-4

请参考"实操训练 3-3"的内容，设计问卷的正文部分，题目类型不少于 5 个，题目数量 10 个左右。

实操训练 3-5

请通过学校图书馆数字资源查找与"手机品牌广告传播效果"相关的文献资料，并根据所查到的资料，修正"实操训练 3-4"的问卷题目（删除无关紧要的题目，增加与调研主题紧密相关的题目）。

实操训练 3-6

同学们之间随机互换所设计的问卷，根据"问卷设计和答案选项设计的原则"等进行检查，标记不妥之处，指出问题，进行修正。

实操训练 3-7

打印 5～10 份问卷，进行试调研，然后根据试调研结果修正问卷，形成问卷终稿。

实操训练 3-8

将"实操训练 3-7"的问卷终稿转录到"问卷网"，进行网络问卷设计与调研，调研数量不低于 100 份。下载调研报告，进行图表制作。

实操训练 3-9

参考"实操训练 3-3"，设计一份针对大学生的面访调查方案（调查主题、目的、话术、访谈大纲），随机面访几位同学，记录面访视频或录音，撰写面访报告。

3.1.3 广告调研的报告撰写

（一）广告调研报告的格式规范

广告调研报告的格式规范，主要是强调文档排版和编辑的规范性，包括字体及字号、行间距、图表设置、页眉页脚设计、目录、摘要等具体要求。例如，标题和报告日期、委托方、调查方，一般应打印在扉页上；表格的题注一般在表格上方；图片的题注一般在图片下方等。

（二）广告调研报告的撰写流程

（1）明确广告调研目的。

（2）围绕广告调研目的搜集相关资料，了解调研对象的基本情况，撰写报告前言。

（3）分解广告调研目的，围绕若干子目的，设计调研方案、调研方法（问卷法、文案法、面访法和观察法等）和问卷（或访谈大纲等）。

（4）调研活动实施。

（5）调研数据统计，图表制作。

（6）总结分析调研数据，得出调研结论。

（7）围绕调研结论，提出广告建议。

（8）根据调研结论和建议，撰写报告摘要。

（9）梳理参考文献和附件等相关资料。

（10）根据（1）～（9）的内容，设计调研报告封面，按照封面、目录、前言、摘要、正文、附录、参考文献、致谢（若得到了指导老师或相关单位的大力支持等，应当撰写致谢）等顺序进行排版，并按照格式规范要求进行格式调整，形成调研报告终稿。

（11）根据调研报告终稿，设计 PPT。

（12）提交调研报告材料，并准备登台演讲汇报。

实操训练 3-10

参考"实操训练 3-8"和"实操训练 3-9"，按照调研报告撰写流程撰写调研报告，并注意格式的规范性。

实操训练 3-11

请同学们以汽车广告宣传为例，根据不同的车型、价格、品牌（国产或合资）等进行调研，总结汽车广告宣传的诉求重点。

实操训练 3-12

请以本校教职工汽车购买品牌偏好为主题做市场调查，调查方法可以是问卷法或面访法，根据结果撰写面向教师群体的汽车广告宣传方案。

3.2 广告策划的 PEST 分析

3.2.1 PEST 的概念

所谓 PEST，是指政治（Political），经济（Economical），社会（Social）和技术（Technological）4 个英文单词的首字母。这些是企业的外部环境，一般不受企业控制。外部环境的变化，可能会限制企业的发展，也可能会为企业提供新的发展机遇，它对企业具有"双刃剑"的作用。

3.2.2 PEST 的分析流程

（一）政治环境分析

政治环境包括国家的社会制度，政府的方针、政策、法令等。各项政策对广告活动有着不同的限制和要求，广告人员应从这些方面进行政治环境分析。例如，小张是众多淘宝卖家中的一员，日均人流量 2000+，单日销量超 100，本以为小日子自此红红火火，但该店铺的 3 款主打产品全部被下架。原因是使用"极品"作为宣传词，而这违反了《广告法》的相关规定。

> **实操训练 3-13**
>
> 请以汽车等为例，搜集该类产品的广告宣传案例，分析该广告宣传内容是否有违反《广告法》的行为。

（二）经济环境分析

经济环境一般包括国民收入情况，货币和财政政策，消费者的收入水平、消费模式、就业程度等方面。这些因素直接决定着企业未来的市场大小，以及产品推广方式和广告投入决策。例如，近两年的农村市场中，老百姓买东西不再单纯追求便宜，产品是否是品牌也成为老百姓购买决策的重要参考依据。这说明，随着经济收入水平的提升，农村市场的老百姓的消费水平和购买心理已经发生了改变。

> **实操训练 3-14**
>
> 请随机调研几位身边的同学，调研他们对未来工资的期望值是多少，以及若工作几年攒下了一笔钱，是先买车还是先买房。总结这些同学为什么是这样的选择，是哪些因素影响了他们的消费决策和行为。

（三）社会环境分析

社会环境主要包括社会道德风尚、文化传统、风俗习惯、文化教育、价值观念、消费心理、生活方式等方面。例如，江小白借助互联网经济的发展契机，短短几年时间，从一个名不见经传的小品牌，快速成为红遍全国的酒类品牌，更是牢牢抓住了"80后""90后""00后"年轻人的心。江小白可以说是一款凭瓶身文案走红的酒，"那些过不去的难过，总有一天都能一笑而过""有些事碰过杯才明白，有些人交过心才懂得"，这些文案从线下火到线上，在年轻人中迅速传播，也让大家都知道了江小白这个品牌。

实操训练 3-15

请咨询你家乡较年长的长辈，调研你家乡的结婚习俗的变化，并简要总结，是哪些因素导致了习俗的变化。

（四）技术环境分析

技术环境主要包括技术变迁、技术突破等对企业的影响，以及技术与政治、经济、社会环境之间的相互作用。它的特点是变化快、变化大、影响面大等。例如，2017年，来自"一带一路"共建国家的青年们评选出了他们心目中中国的"新四大发明"：高铁、支付宝、共享单车和网购。

实操训练 3-16

请你以自身经历为例（小时候、中学时代或现在），说说哪些新技术的出现，改变了你的生活或消费习惯？

实操训练 3-17

作为消费者，你最期待哪些技术或服务或产品的出现，为什么？

3.3 广告策划的 3C 分析

3.3.1 3C 的概念

3C 代表了公司自身（Corporation）、消费者（Customer）和竞争对手（Competition）3 个重要要素。3C 分析法是制定广告战略的一种重要方法。广告策划人员要充分了解公司自身与消费者和竞争对手之间的关系，要明确直接的竞争对手是谁及广告战略情况，要清楚目标消费者对公司形象的评价，以便做出更具竞争力的广告战略。

3.3.2 3C 的分析流程

（一）公司自身分析

公司自身分析一般从公司发展历史、品牌内涵、产品种类、近年销量走势、产品优势、广告活动情况、消费者评价情况、行业地位等方面展开分析。

广告策划人员在制定广告战略或广告策划方案时，首先，要对公司自身情况了如指掌，特别是产品属性，广告策划是在产品属性基础上进行创造性的构思，不能过于夸张，甚至虚假宣传产品的功效；其次，广告战略目标要清晰，广告活动形式可以多样化，但要保持广告风格的一致性，若广告内容时而时尚、时而传统，就难以在消费者心中留下深刻印象。

（二）消费者分析

消费者分析一般围绕消费者对产品的偏好程度，有无明显的不满，购买频率，购买原因，对其他品牌的态度，对该类产品广告的印象和评价，以及消费者的个性特征、生活方式、年龄、职业、性别和收入等方面展开。

广告策划人员要及时掌握目标消费者的需求变化，运用多种市场调研方法对目标消费者进行调研，如问询消费者对本产品的看法或使用感受，对本产品有何抱怨，购买竞争者产品的理由等，以便及时获知消费者的真实评价和需求变化，为产品的广告策划提供参考依据。

（三）竞争者分析

竞争者分析主要包括识别现有的直接竞争者和潜在竞争者；分析竞争对手的市场地位（市场领导者、挑战者、追随者等）；与竞争对手进行产品比较，了解产品的差异性；了解竞争对手的广告投放量、广告投放安排计划、广告定位、广告作品内容及更换频率、广告投放媒体组合等信息。

广告策划人员要非常熟悉竞争对手的广告策略及广告活动情况，以便采取有针对性的广告策略来提升广告宣传效果，提高市场竞争力。

实操训练 3-18

选择一款你喜欢的奶茶品牌，分析该品牌目前的竞争对手。

3.4 广告策划的 SWOT 分析

3.4.1 SWOT 的概念

SWOT 指优势（Strengths）、劣势（Weaknesses）、机会（Opportunities）、威胁（Threats）4 个重要要素。"优势与劣势"指的是从企业自身方面进行分析，"机会与威胁"指的是从企业外部环境方面进行分析。SWOT 分析是对企业内部自身与企业外部环境的综合性分析，是制定企业战略目标的重要参考。

3.4.2　SWOT 的分析流程

（一）优势分析

你拥有哪些有利条件？你善于做什么？哪些相关的资源对你而言是比较容易得到的？别人是怎样看待你的优势的？在别人眼里你的优势是什么？

在分析优势时需要注意，当所有的同业竞争者提供的都是优质产品，那么在市场上，你提供的优质产品将不能作为优势，因为相比而言你没有优势。若你的产品特色款式是其他竞争对手没有的，那么，你的产品款式可以作为优势。

（二）劣势分析

你还有哪些需要改进的地方？还有哪些可以做得更好的地方？

劣势是与竞争对手相比而言的，有些劣势很难在短时间内改善，如生产规模方面不如竞争对手强大，这个劣势在短期内很难改善；而有些劣势则可以在短时间内得到改善，如服务水平不如竞争对手高，这个劣势可以在短期内通过培训来快速改善。因此，要客观地看待劣势，能改则快速改善，不能短期改善的，应尽量把优势发挥得更好，以弥补劣势。

（三）机会分析

目前你面临的好机遇在哪里？

一些良好的机遇通常来自下面的一些变化：不同程度的技术改进和市场供需数量与结构的变化，在你所从事的领域内政府相关法规的变化，社会形势的变化，人口的迁徙和人们生活方式的转变，社会重大事件发生等。当然，有些外界环境的变化，如果企业不能利用或适应，不仅不是机会，反而会变成威胁。

（四）威胁分析

你所面临的障碍是什么？你的竞争对手正在做什么？市场对你所从事行业的产品规格、产品标准及产品售后服务是否提出了新的要求？正在进行的技术革新是否威胁到你的生产技术改造？你是否有呆账和资金周转方面的问题？是否有某些弱点已严重威胁到你企业的生存和发展？

威胁时时刻刻都在，也一直在变化，企业稍有不慎可能面临被淘汰的境地。

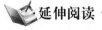延伸阅读

网络综艺广告植入的 SWOT 分析

随着网络技术的发展，近年来网络综艺中植入广告兴起，在众多综艺节目中都能看到植入广告。与传统硬广相比，植入广告更注重内容、观众兴趣与传播效果，而且因为植入广告与节目内容完全融合，观众无法选择自主跳闪。越来越多的植入广告注

重创意，力求传达品牌理念，既不打断观众的观赏，又提高了广告信息的接受度，从而以一种"软性"方式提升了广告效果。

1. 优势分析

（1）创意与内容相融：结合综艺节目内容及嘉宾人设巧妙融入产品，产品的出现不突兀。

（2）观众注意力集中，广告效果最大化：观众没有一种正在观看广告的心理，产品与观众的距离更近。

2. 劣势分析

（1）传播群体覆盖有限：网络综艺节目的主要受众是年轻人，其他群体较少，不利于品牌市场扩张。

（2）广告效果难以评估：效果较难量化，没有具体的数据指标。

3. 机会分析

（1）观众激增，市场扩展：网络视频观众规模不断扩大，网络综艺节目市场繁荣。

（2）品牌商、广告主增加投入：植入广告制作成本低、传播效果好，受到品牌商、广告主青睐。

4. 威胁分析

（1）法律法规的规范管制：相关法律法规定电视剧中不可播放广告，网络综艺节目以"广告即内容"打擦边球，未来法规完善管控会愈加严格。

（2）模式固定，难以创新：同质化严重，观众易产生审美疲劳；模式固化，可能引发观众抵触心理。

 素养园地

规范网络电商广告用语

"全网仅一家""史上最低价""销量总冠军""行业领导者"……打开互联网电商平台的产品页、直播间，广告极限词并不鲜见。一些消费者被类似广告吸引，购买产品或服务后却发现名不副实，既影响体验也面临维权难题。

滥用广告极限词属于违法行为。我国《广告法》明确规定，不得使用"国家级""最高级""最佳"等用语。由于语言词汇的复杂性，列举所有极限词并不现实，因而在具体实践中，需要把握立法本意。参照《广告法》对虚假广告的界定，产品或服务的质量、价格、销售状况、曾获荣誉等信息与实际情况不符的，即属违法。那些动辄标榜"唯一""独创""问鼎""极致"却又拿不出有效证据的商家，其广告用词明显不当。有的商家要小聪明、打擦边球，采用异体字、谐音等方式变相使用极限词，实质上也涉嫌违法。

滥用极限词的虚假广告，其危害值得警惕。商家使用极限词发布广告，实际上利用了信息不对称，损害了消费者的知情权。从长远来看，这种行为也是在透支商家自身的品牌信用，无异于竭泽而渔。如果助长类似行为，就会形成"破窗效应"，导致"劣币驱逐良币"，最终影响的是行业的良性发展。实际上，有的商家也自食苦果。据媒体报道，某地公安部门侦破一起案件：有不法分子在电商平台搜索包含"最""永不"等词的广告，以广告用词违法、要投诉举报为由，向商家敲诈勒索。

互联网时代，当滥用极限词的虚假广告搭上技术的便车，其负面影响更不可小视。起起伏伏的价格、稍纵即逝的福利，常令人眼花缭乱、无暇思考。销售渠道的丰富多元、广告形式的灵活多变，也对监管的覆盖面、精准性、灵敏度提出了更高要求。广告极限词虽被明文禁止，但仍有商家铤而走险，究其原因，在于相关做法成本低廉。商家以极限词为卖点，吸引消费者掏腰包，往往只重售前不管售后，让消费者直呼上当受骗。由于维权成本较高，不少消费者也没有时间和精力去找商家讨说法。在这种背景下，对于网络电商广告的失范行为，特别是广告极限词滥用等乱象，亟待有针对性地加强治理。

规范网络电商广告用语、整治滥用极限词乱象，需要多措并举、久久为功。在技术层面，应当与时俱进、加强创新，更好运用现代信息技术进行监管。互联网的普及，让产品更容易被消费者检索到，也方便了对极限词使用的捕捉、筛查；让商家可以随时做广告、发文案，也有利于监管部门及时存储数据、留存证据。在机制层面，不妨畅通渠道、充实力量，让媒体、用户、志愿者等发挥更多作用，进而延展监管触角。同时，还应加强引导，帮助广大消费者提高警惕，积极辨识、揭露虚假广告。此外，采取有力措施加强管理，让不法平台、商家、代言者付出应有代价，也有利于激发警示效应，推动行业加强自律。

《互联网广告管理办法》于2023年开始实施，明确将以互联网直播等方式直接或者间接的推销产品或者服务的商业广告、跨境电商广告纳入监管。面向未来，紧跟互联网业态发展，落实落细监管举措，严格规范广告发布行为，才能推动互联网电商恪守底线、健康发展，维护好消费者的合法权益。

单元 4

广告策划定位策略

知识目标

了解定位的概念和类型。

熟悉广告定位的概念和策略。

技能目标

能准确说出广告定位设计的流程。

素养目标

对产品广告充满兴趣，善于思考广告宣传中的不同广告定位策略，逐渐提升对广告创意的认知水平和辨析能力。

了解我国民族企业品牌的成长历程，提高对民族品牌的认同感和自信心。

4.1 定位的概念与类型

4.1.1 定位的概念

在现代多元化的社会里，人们的需求越来越多样，越来越个性化，大众市场逐渐被分解为一个个细分市场。即便是在细分市场里，也存在着不同生活形态、生活方式的消费者，他们接受不同的广告媒介，对产品的追求也千差万别，以不同的渠道和方式购买多种多样的产品。加强广告产品在市场中的竞争能力，成为广告主十分关注的问题。

"定位"一词最早是由广告营销专家杰克·特劳特提出的，他认为："定位要从一个产品开始，这个产品可能是一种商品、一项服务、一个机构甚至是一个人，定位是你对预期消费者要做的事，你要在预期消费者的头脑里给产品定位。"

"定位"这一概念被应用到多个领域，如广告定位、市场定位、产品定位、品牌定位、形象定位、个人职业发展定位、城市形象定位、国家形象定位、自媒体个人形象定位、抖音定位、微信公众号定位等。

综上所述，我们可以给"定位"总结一个基本的含义："为自身寻找或设计一个与众不同的形象与位置，以求在目标消费者中建立起自身的独特竞争优势。"

4.1.2 定位的类型

（一）市场定位

市场定位是在市场细分的基础上进行的，根据"市场细分"，选择"目标市场"，然后进行"市场定位"，这个过程被称为"STP市场定位理论"。

1. 市场的概念

市场=人口+购买欲望+购买力。

2. 市场细分的概念

市场细分是指按照细分标准（如收入、年龄等），把某类产品（如服装）的整个市场划分为若干个需要不同标准的产品或服务的消费者的市场分类过程，是对需求不同的消费者进行分类，而不是对产品分类。一个消费相同或相近的群体就是一个细分市场（子市场），如服装市场可细分为童装、女装、商务男装等若干个细分市场。

3. 市场细分的标准

市场细分要依据具体的变量进行，如表4-1所示。

表4-1 市场细分的标准

细分标准	具体变量
地理环境	国别、城乡、气候、交通、地理位置等
人口因素	年龄、性别、职业、收入、教育程度等

细分标准	具体变量
心理因素	个性、兴趣、爱好、生活方式等
购买行为	购买动机、追求利益、使用频率、品牌与商标的信赖程度等

4. 目标市场的概念

目标市场是经过市场细分之后，企业准备以相应的产品或服务满足其需要的一个或几个子市场。

5. 目标市场的类型

根据"市场"与"产品"两个维度，目标市场可分为 5 种类型，如图 4-1 所示。第 1 种是"密集单一的市场"，如只生产布鞋这款产品且只针对老年人的需求进行设计和销售；第 2 种是"有选择的专门化"，如生产布鞋满足老年人的需求、生产皮鞋满足男士商务人士的需求、生产拖鞋满足孕妇人群的需求；第 3 种是"市场专门化"，如生产布鞋、皮鞋、拖鞋等 3 种产品来满足老年人的需求；第 4 种是"产品专门化"，如只生产布鞋来满足儿童、青少年和老年人的需求；第 5 种是"市场完全覆盖"，如生产各式各样的鞋子来满足儿童、青少年和老年人等不同消费群体的需求。

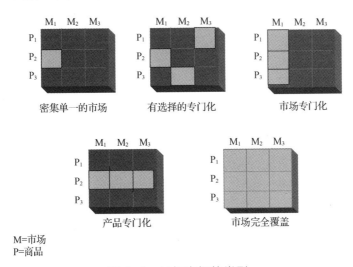

M=市场
P=商品

图 4-1　目标市场的类型

6. 市场定位的概念

市场定位是指企业根据竞争者现有产品在市场上所处的位置，针对消费者对该类产品某些特征或属性的重视程度，为本企业产品塑造与众不同的、给人印象鲜明的形象，并将这种形象生动地传递给消费者，从而使该产品在市场上确定适当的位置。与产品相关的因素有很多，如产品包装、品牌名称、厂家实力、竞争力表现等，因此，市场定位又衍生出了企业定位、产品定位、竞争定位、品牌定位、广告定位、消费者定位等各种具体的定位方式。这些定位方式之间本身都是相互影响、相辅相成的关系，并不是独立的存在，只是强调的重点不同而已。

7. 市场定位的类型

（1）产品差异化：从产品质量，产品款式等方面形成差异，挖掘产品特色是产品差异化战略经常使用的手段。

（2）服务差异化：向目标市场提供与竞争者不同的特色服务，企业的竞争力越好地体现在对消费者的服务上，市场差异化就越容易实现。

（3）人员差异化：通过开展员工培训来提高员工素养，以比竞争者更优秀的人员素养来获取差异化优势。

（4）形象差异化：在产品功能都基本相似的情况下，塑造本产品独特的产品形象以获取差异化优势。

📖 **实操训练 4-1**

搜集相关资料，阐述海底捞在创业初期有哪些突出的营销方式？海底捞突出的营销方式体现了哪种市场定位类型？

📖 **实操训练 4-2**

请根据你的所见所闻，列举 1～2 个比较有特色的某个产品或服务的营销方式，并总结该营销方式属于哪种市场定位类型。

（二）产品定位

产品定位，是在市场定位基础上进行设计的，是指企业用什么样的产品来满足目标消费者或目标消费市场的需求。例如，企业是用高端产品还是用低端产品来满足微波炉市场里的某个子市场的需求。

为了更好地理解产品定位，我们再对比着看下市场定位。市场定位（又称目标市场定位）是指企业对目标消费者或目标消费市场的选择，是根据企业自身情况（如产品制造水平、经济实力等）来选择某个细分市场的过程。从理论上讲，应该先进行市场定位（明确企业要满足的某类消费群体），然后再进行产品定位（用什么样的产品来满足这类消费群体）。产品定位是对目标市场的选择与企业产品结合的过程。

产品定位是在产品设计之初或在产品市场推广的过程中，通过广告宣传或其他营销手段使本产品在消费者心中（细分市场）确立一个具体的产品形象的过程，简而言之就是给消费者在选择产品时提供一种决策捷径。具体地说，就是要在消费者的心目中为产品创造一定的特色，赋予一定的形象，以适应消费者特定的需要或偏好。

（三）品牌定位

品牌形象是由大卫·奥格威于 20 世纪 60 年代中期提出的。他认为产品和人一样，也有自己的个性，而品牌形象就是指品牌个性，它是由许多因素混合在一起而构成的，其中包括品牌名称、包装、价格、产品本身及广告风格等。塑造一个鲜明的品牌形象，能建立起产品与消费者之间情感需求的关系，如满足欲望、被爱、被接受、被尊重、被肯定、自我实现、无拘无束等，让消费者觉得品牌形象与他的自我认知相吻合，符合自己的风格与期望，进而产生认同与偏好。不过必须认识到，建立和塑造一个鲜明的品牌形象并不是一件容易的事，而是需要借助各种广告媒介进行推广宣传，还要持之以恒，才能成功。

品牌定位是企业在市场定位和产品定位的基础上，对特定的品牌在文化取向及个性差异上的商业性决策，它是建立一个与目标市场有关的品牌形象的过程和结果。换言之，它是为某个特定品牌确定一个适当的市场位置，使品牌在消费者的心中占领一个特殊的位置，当某种需要产生时，消费者就会首先联想某个品牌。例如，人们在谈论汽车交通安全时，很容易想到沃尔沃品牌，因为该企业一直在塑造"自动躲避、自动刹车"等汽车安全的品牌形象。

品牌定位是市场定位的核心和集中表现。企业一旦选定了目标市场，就要设计并塑造自己相应的产品、品牌及企业形象，以争取目标消费者的认同，这也是区别竞争对手的重要营销手段。由于市场定位的最终目标是实现产品销售，而品牌是企业传播产品相关信息的基础，还是消费者选购产品的主要依据，因此品牌成为产品与消费者连接的桥梁，品牌定位也就成为市场定位的核心和集中表现。

📖 实操训练 4-3

大卫·奥格威有一句名言："所谓广告，就是对品牌形象的长期投资。"请结合你日常的购物经历及对某产品品牌的了解过程，具体分析大卫·奥格威这句话的市场意义。

🔵 4.2　广告定位的概念与策略

4.2.1　广告定位的概念

广告定位是为了突出广告产品的特殊个性，使广告宣传符合目标市场消费者心理需求，使企业产品在消费者心目中占据一定位置、留下深刻印象的一种广告宣传策略。

广告定位并不改变产品本身（这里是指现有产品，新研发产品要根据市场调研来进行设计），它只是将消费者需求、产品特色、品牌个性等结合，确定产品的广告形象，然后采用多种广告表现手法不断强化这种形象，给消费者留下深刻的印象，在消费者心目中占据一定的位置。

4.2.2　广告定位的策略

广告定位是在市场定位、产品定位、品牌定位等基础上进行设计的。广告作为产品宣传的一种方式，在确定广告定位之前，必须清楚目标消费者是谁，消费者的需求特征是什么，必须了解产品及竞争对手产品的特征，品牌（形象）现状等情况。广告定位本质上是一种传播工具，是产品个性与消费者需求之间的沟通桥梁。

广告定位的策略主要有以下几种。

（一）抢先定位策略

根据产品的某个最具优势的特色，通过广告传播，让该产品在某一细分市场上占据领先地位。要想在细分市场占据领先地位，这有两种方式可以实现，第一种是你是某个产品功能或概念的首次提出者，第二种是你的产品与竞争对手相比确实在某方面特别突出。例如，江中牌猴菇饼干，是首次提出"养胃"这个饼干产品新功效概念的产品，在广告定位策略中属于抢先定位策略。

（二）功效（利益）定位策略

功效定位在广告中突出产品的特异功效，使该产品与同类产品有明显区别，以增强选择性需求。这种策略以有别于同类产品的优越性能为宣传重点。例如，宝洁有飘柔、潘婷、海飞丝三大护发品牌，每种品牌各具特色，占领各自的市场。海飞丝突出去头屑的功效，"头屑去无踪，秀发更出众"；飘柔突出"飘逸柔顺"；潘婷则强调"营养头发，更健康更亮泽"。这3种品牌市场个性鲜明，消费群体需求划分明确，消费者可根据自己的需要进行选择。

（三）品质定位策略

这种策略通过强调产品的良好品质及其给消费者带来的物质和精神的享受，来建立和塑造产品在消费者心目中的地位。品质定位不仅仅是笼统地宣传用料上乘、品质优良等内容，还应从具体的细节上加以描述，如哥伦比亚咖啡豆在广告中突出原产地和人工采摘，保证每一粒都达到100%成熟。

（四）观念定位策略

观念定位是指在广告策划过程中，通过分析公众的心理（或社会文化），赋予产品一种全新的观念。这种观念既要符合产品特性，又要迎合消费者的心理，这样才能突出自身优势，从更高层次上打败对手。这里更多融入的是一种道德、情感和观念等。例如，脑白金的孝心和传统观念定位，使该产品在保健品市场上独占鳌头。广告语"孝敬爸妈，脑白金，年轻态健康品"。脑白金将自身定位成一种礼品，并且是一种能带给人健康的礼品，极力宣传送礼更要送健康的理念。

（五）价格定位策略

价格是市场经济活动中的一个重要因素，价格定位策略的运用是多方面的，因此，我们对此应该引起足够的重视。如果产品的品质、性能、造型等与同类产品相似，没有特殊的地方可以吸引消费者，那么广告宣传可以考虑运用价格定位策略来提高市场竞争力。根据产品属性或用途，可以定高价（如炫耀性产品），也可以定低价（如大众生活用品）。

（六）比附定位策略

比附定位是指企业在广告定位中，不但明确自己现有的位置，而且明确竞争者的位置，竞争者的位置与自己的位置一样重要，甚至更加重要，然后用比较的方法建立或找到自己的品牌与竞争者的品牌、自己想要占据的位置与竞争者已占据的位置之间的关系，使自己的品牌进入消费者的心中，或用比较的方法在消费者心中开拓出能容纳自己品牌的位置。例如，蒙牛成立之初品牌知名度很低，其打出了"向伊利学习，做好内蒙古第二品牌"的广告口号，并且主动倡导与伊利一起申请呼和浩特为"中国乳都"，以提升其在全国的品牌影响力。

（七）类别定位策略

1. 优势分类策略

该策略是按照产品的大略分类，选择一种没有强势品牌的产品分类，并将某个品牌产品定位在这一有利的产品分类之中。

2. 独特分类策略

该策略是企业在进行广告定位时，面对强大的竞争对手，寻求远离竞争者的"非同类"的构想，使自己的品牌以一种独特的形象进入消费者心中。如运用"七喜"是独特分类策略的典范。在充分了解到可口可乐和百事可乐在人们心目中已占有重要位置后，七喜逆向定位构思：七喜不是可乐，把七喜与可乐进行反衬，凸出自身差异，使七喜成为可乐类以外的另一种产品类型。

3. 关联分类策略

该策略不是将具有新产品属性的品牌归到既有的产品类别之中，而是采用各种方法来表示该产品品牌既与现有产品类别有关联又有区别。该策略多适用于多功能产品，让消费者感觉该产品能够满足他们的多种需求。

4. 使用场合分类策略

消费者在归类某些产品时，有时并不考虑产品的形态类别，而是以在生活中的特定场合需要作为出发点。在这种情况下，广告便可以运用产品在生活场合中所扮演的角色或功能来为产品定位。例如，"不在状态，脉动回来""你的能量，超出你想象"等运动型饮料的广告就运用了这一策略。

5. 细分分类策略

当一个产品分类可以再细分为几个新的类别时，可以运用这种细分分类策略来进行产品广告定位。例如，把"香皂"再细分出"浴皂"的类别，并把产品定位为"洗澡专用"。

6. 消费市场分类策略

有时一种产品可能适合大众消费者，但把它定位于某一特定的消费者群体，久而久之，这种产品就与特定的消费者群体联系在一起。例如，把某种运动鞋专门定位为适合老年人穿的健步鞋。

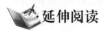 延伸阅读

产品独特形象的广告定位策略

形象定位理论以 CIS 理论，即理念识别（Mind Identity）、行为识别（Behavior Identity）和视觉识别（Visual Identity）所构成的企业识别系统（Corporate Identity System）为基本理论框架，企业形象广告定位应该围绕理念识别、行为识别和视觉识别展开。例如，洋河蓝色经典是色彩营销的成功典范，其产品包装、产品名称、产品广告等都以蓝色为主色调进行设计和宣传，形象独特鲜明，给消费者留下深刻的印象。（资料来源：李怀斌，《企业形象策划——CIS 设计的理论与实务》，有删改）

 素养园地

《2012，我们的品牌》讲述中国企业成长的品牌故事

《2012，我们的品牌》是我国首部深度解析企业品牌成长的大型电视专题片，从5000家企业中精选10个经典案例，历时3个月拍摄而成，用镜头语言再现我国本土品牌惊心动魄、跌宕起伏的成长史。

我国30多年来高度发展的经济，造就了本土品牌创建、成长、重生的传奇。一个又一个鲜活的品牌故事不仅实实在在改变了国人的消费习惯和生活方式，更重建了产业格局。从2010年起，央视广告经营管理中心开始组织国内顶尖的品牌营销专家和财经记者，深入企业内部采访研究，撰写经典案例，集结出版《中国市场品牌成长攻略》。专题片《2012，我们的品牌》正是在其基础上，对中国品牌成长史的再次书写。

淘宝如何在传统市场和强大对手的对弈中神奇突围，迅速成长为我国电商第一品牌，并改变大家的消费习惯的？

云南白药如何在"伤科圣药"老字号岌岌可危的形势下力转乾坤，构建国人皆知的"大健康"品牌形象的？

纳爱斯如何在国际日化巨头的重重夹击之下，从丽水的深山作坊里振翅高飞，展示我国民族品牌的骄傲的？

还有招商银行、洋河、郎酒、格力、阳光保险、苏宁、雨润，这些中国企业是如何在激烈的市场竞争中孕育出独特的品牌理念？如何将品牌形象迅速传播、渗透到广大消费者的心中？如何利用品牌战略占领市场、化解危机？《2012，我们的品牌》带着这样的疑问走进一家家企业，通过采访调研，邀请学者专家解读，从层出不穷的鲜活故事中分丝析缕，试图解密并展现每个优秀品牌的成功基因，为更多的中国企业提供启示。

实操训练 4-4

查看《2012，我们的品牌》"洋河蓝色经典"部分及近年来该企业的广告宣传片，总结洋河蓝色经典品牌塑造和广告宣传推广中的创新之处。

4.3　广告定位设计的流程

（一）调研产品类别属性

调研分析该品牌产品在众多竞争品牌中是如何被消费者分类和把握的，即消费者将产品归到哪一类别中。例如，"透明皂"容易被消费者看作是用来洗衣服的，不是用来洗澡的，如果将该产品强行定位于洗澡，消费者很难认同。

（二）分析产品的突出特点

确定产品分类后，下一步要分析该产品以什么特点被消费者识别出来，也就是说产品有什么显著的特点区别于其他同类或类似商品。例如，麦当劳与中式快餐对比，特点是"干净、卫生、整洁""服务态度好、速度快""附送玩具"等；中式快餐的特点是"营养全面、口味多、性价比高"等。

（三）分析产品在消费者心目中的品牌形象

继续以麦当劳为例，在美国，它只不过是"方便、廉价"的快餐，但在中国市场，由于价格相对较高，且环境卫生、服务态度等都比较好，因此它在许多中国消费者心目中是"有档次"的"洋餐厅"，另外它还"附送玩具"，适合小孩子就餐。因此，其典型的形象是适合小孩子就餐的有档次的"洋快餐"。

（四）判断产品品牌能够参与的分类和定位

从产品的特性来分析判断它可能参与的分类和定位，以及添加新的分类与定位的可能性。根据上述麦当劳的形象，麦当劳的合适的定位应该是"带小孩的年轻父母"、"三口之家"或"追求时尚的年轻群体"。

（五）分析拟定定位是否有足够的市场吸引力

根据拟定的定位目标，深入分析该定位是否能够吸引足够数量的消费者。尽管麦当劳的食品口味不一定适合中国成年人，但"有档次"带来的"体面"，整洁环境带来的"卫生"，以及玩具对小孩子的吸引力等因素，使之足以吸引大量的"三口之家""年轻消费者"等群体到麦当劳就餐。

实操训练 4-5

如果有一款对慢性咽炎、用嗓过度等有一定疗效的养生茶需要运用某种广告定位策略来进行市场推广，请你为该产品进行品牌的广告定位设计并阐述设计理念。

广告策划创意创作

单元
5

知识目标

熟悉广告诉求的基本要求。

熟悉广告创意的类型。

技能目标

能够提炼出符合产品特征和卖点的广告诉求。

能够创作出较有新意的广告创意和表现形式。

素养目标

善于观察生活，对新鲜事物感兴趣，对广告创意作品充满好奇，不断提高广告创意的独创性创作水平。

在进行广告创意时，要遵守《广告法》的相关要求，尊重不同的风俗习惯、文化禁忌，倡导正能量的广告创意。

5.1 广告诉求

5.1.1 广告诉求概述

（一）广告诉求的概念

广告诉求是利用多种创意途径，把要传达的产品利益或形象展现出来，让消费者充分感受这种由产品的功能转化而来的利益点，从而潜移默化或立竿见影地产生一种渴望拥有产品的欲望并采取行动。广告诉求的目的是使消费者理解接受广告所传达的产品利益或形象。

（二）广告诉求的策略

广告诉求策略是围绕广告目标、目标市场、产品定位去解决诉求点是什么的问题，也就是确定用什么来诉说。是采用产品诉求，还是形象诉求？是企业形象诉求，还是品牌形象诉求？是利益诉求，还是情感诉求？是针锋相对的竞争性诉求，还是迂回诉求？是用代言人诉求，还是产品实证法诉求？明确了这些，才能真正解决广告诉说什么及为什么这么诉说的问题。

常用的广告诉求策略主要包括以下几种。

（1）独特的销售主张（Unique Selling Proposition，USP）诉求策略。

（2）形象诉求策略。

（3）竞争性诉求策略。

（4）代言人诉求策略。

（5）整合诉求策略。

（三）广告诉求的方法

广告诉求作为吸引消费者注意力和影响他们对产品或服务的感受的方式，或作为能打动心灵、创造需要或欲求并激发兴趣的行动，从广义来讲，通常分为理性诉求、感性诉求及理性与感性相结合诉求，除此之外，还有提醒式诉求、悬念式诉求等。

（四）广告诉求的 3 个基本问题

广告诉求主要需要解决 3 个基本问题，分别是向谁诉求、诉求什么及如何诉求。

1. 向谁诉求

年轻人？老年人？自由职业者？职场人？……不同目标对象有不同的生活方式。

2. 诉求什么

商品的外形？方便性？新型功能？……策划者必须充分了解产品的特性及该产品的目标消费者的立场、状况，进而考虑诉求的主题。

3．如何诉求

利用消费者的心理？利用新词汇流行文化？采用合适的沟通手段？……广告表达应具有吸引力，借助文字、视图等传递信息。

（五）广告诉求与广告表现的关系

广告诉求是广告信息的基础与核心，寻找和确定广告诉求是广告创作过程中的重要阶段。

广告表现是以广告诉求为核心的广告创意的外化过程，是广告创意的一个特定阶段。广告表现的是广告创意，实现形式是广告文案，包括文字型文案和视觉型文案。

好的广告表现可以有效传达广告诉求，形成有效的广告文案，从而有助于广告与消费者的沟通。反之，一个糟糕的或是不合适的广告表现，则有可能无法实现对广告信息的有效传达，可能使好的广告诉求变得模糊不清。最糟糕的情形下，不恰当的广告表现甚至可能扭曲广告创作人想要传达的广告信息，从而毁掉一个好创意，最终损害和消费者的有效沟通。

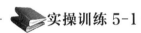**实操训练 5-1**

观看任意一则商业广告，分析该则广告中的 3 个基本问题。

5.1.2　广告诉求的策略

（一）USP 诉求策略

1．USP 诉求策略的概念

USP 理论是 20 世纪 50 年代，由广告专家罗瑟·瑞夫斯提出的，即独特的销售主张或独特卖点。

USP 理论的核心观点是：广告必须向消费者说出一个主张，告诉消费者购买广告的产品可以获得什么具体的利益；广告中提出的主张必须是竞争对手做不到的或从未提出的，必须在产品或说辞方面是独特的；广告中提出的主张必须是强有力的，能吸引消费者来购买的，推动销售的。

USP 理论的实质就是必须为广告确定一个独特的"卖点"，主要强调物理性、务实性和具体利益，诉求很直接、很具体，有很强的刚性。

2．USP 诉求的主要来源

（1）原材料方面的优点或特点

① 原料的产地（如昆仑山矿泉水）。

② 原料的历史与起源（如茅台酒）。

③ 选用什么原料（如非转基因花生）。

④ 原材料的品质（如阿尔卑斯山脉温泉水化妆品）。

⑤ 其他（如专利、品质检验、筛选等）。

（2）对产品的制造过程进行分析

① 制造方法及特点介绍（如酒的酿造工艺）。

② 机器设备的使用（如进口设备、精密仪器）。

③ 工人与技术人员水平（如技术工艺大师、专家）。

④ 制造环境（如药品、保健品的防尘车间）。

⑤ 制造过程的品质（如纯净水的 27 层过滤）。

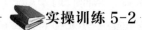 **实操训练 5-2**

查找罗瑟·瑞夫斯的 1～2 个经典广告，并分析其中的 USP 诉求点是什么。

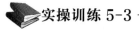 **实操训练 5-3**

请选择自己家乡的某个特色产品品牌，寻找合适的 USP 诉求点，并设计一条高速公路高炮广告牌文案。

（二）形象诉求策略

1. 形象诉求策略的概念

所谓形象诉求，是指企业在广告中通过特定的设计元素，在目标消费者中创造出特定的形象，以达提升品牌资产、品牌形象或者企业形象的目的。如果说 USP 诉求强调功能、利益，是刚性的、功利性的、理性的、务实性的诉求，那么形象诉求则侧重于务虚，多强调软性的、感性的诉求。一般形象诉求包括国家形象、企业形象、品牌形象、产品形象、消费者形象、经销商形象、服务形象等。

2. 形象诉求策略的类别

（1）国家形象或区域形象的诉求策略

全国宣传思想工作会议提出："展形象，就是要推进国际传播能力建设，讲好中国故事、传播好中国声音，向世界展现真实、立体、全面的中国，提高国家文化软实力和中华文化影响力。"

随着全球化时代的到来，资金、技术、人才等的流动越来越没有界限，世界变成了"地球村"，国家与国家之间的竞争日趋激烈，国家形象、区域形象对产品选择、旅游观光、政治评价、文化认同、投资招商、求学就业等发挥着越来越巨大的影响力。所以国家形象、区域形象的建设与推广活动越来越多，也越来越受到官方与民间的重视。以前的中国形象的诉求，多为 5000 年的悠久历史。目前我国正在加强对现代中国国家形象的诉求：开放的中国、多元的中国、发展的中国、与时俱进的中国等。

（2）企业形象的诉求策略

① 企业形象广告出现的原因。

• 社会大众越来越关注自己购买的产品或者服务的提供者到底是一个什么样的企业。

• 企业与企业家们越来越注重自身的形象，希望展示承担社会义务的形象。

• 当企业越来越大的时候，不仅要面向消费者，而且还要考虑众多的利益相关者，因此也需要有面向投资者、上下游的合作者、政府、媒体、学校、金融、保险等的企业形象的输出与沟通。

• 产品和服务（或者相当一部分的产品和服务）不是直接面向大众的企业，如机械、医疗器械、材料等行业的企业，也需要一定的企业知名度或者美誉度，因此必须有企业形象的输出与塑造。

• 企业形象反哺品牌或者产品形象，企业形象的建设与传播可以为品牌与产品创造一个良好的社会生态环境。

② 企业形象广告诉求的策略方向。

• 企业理念形象的诉求。从早年的"真诚到永远"等企业形象广告语，到诺基亚广为流传的"科技以人为本"，不仅间接证明着产品的品质，而且树立了企业的形象。

• 企业规模形象的诉求。规模体现实力，企业规模大意味着其产品或者服务受到广泛而普遍的接受，还意味着产品与服务的可靠性与安全性。

• 企业服务形象的诉求。越来越多的企业强调服务，不仅是服务型的企业强调服务，生产制造型的企业也在强调服务，服务包括服务理念、服务质量、服务方式和服务态度等。

• 企业社会公益的形象诉求。企业是社会组织中的一员，企业需要承担社会的其他责任，包括遵纪守法、诚实守信、捐款捐物、保护环境等。

• 企业历史形象的诉求。企业的悠久历史给人们一种信赖、踏实、诚信的感觉。一些历史悠久的企业塑造着正宗、世家、源远流长的企业形象。

（3）品牌或产品形象的诉求策略

① 产品形象的差异化。产品的同质化程度越来越高，需要借助广告来诉求品牌或产品的独特的、鲜明的、有吸引力的形象特征、符号特征、个性特征、精神象征、文化象征等。

② 品牌或产品形象是可持续发展的。随着产品的更新换代及生命周期变化，企业也需要及时进行新产品形象的宣传，保持与消费者沟通的黏度。

③ 形象需求的升级。消费者需求层次升级，如果一个品牌或者产品一直停留在一

个低档次、低水平、低层面的阶段，就会被消费者淘汰，所以品牌或产品形象的升级要随着消费者需求的升级而升级。

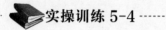 **实操训练 5-4**

你认为产品广告与企业形象广告应优先推广哪个？为什么？

实操训练 5-5

现需要你为本校设计一则学校形象广告，你认为应当从哪些方面进行广告诉求来提高学校的招生效果？

（三）竞争性诉求策略

1. 竞争性诉求策略的概念

所谓竞争性诉求，是指企业在广告策略中，针对竞争对手制定的针对性较强的广告诉求策略。

竞争性广告诉求是带有一定攻击性的广告诉求，一般情况下，是基于自身的某一个或多个优点，针对竞争对手的弱点或缺陷进行广告诉求。

2. 竞争性诉求策略的方式

（1）直接攻击竞争对手

直接攻击对手是指通过攻击对手的缺点或不足来突出自己的优势，这种方式可能会引起对手的激烈反击，甚至诉诸法律。因此，这种策略不应轻易使用，并且需要在市场竞争和法律法规等方面进行充分的风险评估和谨慎规划。

（2）比较优势

比较优势是指比较自己与对手的差异，以此突出自己的优点，但需注意遵守法律法规，如在广告宣传中不能进行虚假、夸大或扭曲事实等误导性行为。同时，比较应重点突出自己的优势，而非对手的缺点，以避免引起负面效应。

（3）承认竞争

承认竞争是指默认或宣称竞争对手的存在，并表示自己能够与对手相匹敌，从而突出自身实力，而非简单地承认对手存在，否则可能导致消费者对自己的品牌和产品产生疑虑和不信任。

（4）暗示比较

暗示比较是指通过暗示自己的产品或服务更好，却不直接点明竞争对手，可以借助图像、色彩等方式进行暗示，将比较优势体现得更为隐晦，不应使用太过直接的方式，否则容易让消费者感受到自己被误导或欺骗。

3. 竞争性诉求策略的注意事项

（1）明确竞争对手

首先，要准确选择竞争对手。竞争性广告诉求无疑是扬自己之长、攻击对手之短，如果选择竞争对手不当，就会适得其反，甚至自找苦吃。选择正确的竞争对手进行挑战，是竞争性诉求的第一步工作。

其次，要准确选择竞争对手的目标产品或服务。选择竞争对手产品的质量、价格、服务、包装、性价比等某一点，进行对比分析，制定针对性的策略。

最后，要准确研究目标消费者。自己产品的长处必须是目标消费者感兴趣的，否则难以引起消费者的共鸣。

（2）确定竞争性诉求策略的战术

① 直接竞争的诉求策略战术。简而言之，就是针锋相对。例如，图 5-1 展示的汽车品牌 JEEP 的竞争性诉求广告。

图 5-1　JEEP 的竞争性诉求广告

② 间接竞争的诉求策略战术。委婉、迂回地暗示竞争对手的不足，强调自己的优点。例如，立白洗洁精的广告语为"只选择，不伤手的洗洁精"，言外之意是其他洗洁精可能会伤手。

（3）要遵守广告法

竞争性诉求都是有针对性、挑战性和攻击性的，过分夸张和过度贬低对方的方式不可取。

我国《广告法》对此有明文规定，例如，广告不得贬低其他生产经营者的商品或服务，否则，依法承担民事责任。

竞争性诉求广告，是君子之争，是有底线与禁区的竞争，是实事求是的竞争，是公开更是公正的竞争。

素养园地

《中华人民共和国广告法》第十三条和第六十八条

第十三条 广告不得贬低其他生产经营者的商品或者服务。

第六十八条 广告主、广告经营者、广告发布者违反本法规定，有下列侵权行为之一的，依法承担民事责任：

（一）在广告中损害未成年人或者残疾人的身心健康的；

（二）假冒他人专利的；

（三）贬低其他生产经营者的商品、服务的；

（四）在广告中未经同意使用他人名义或者形象的；

（五）其他侵犯他人合法民事权益的。

实操训练 5-6

俗话说，鹬蚌相争，渔翁得利。但现实中，随着竞争对手在广告中的针锋相对愈演愈烈，反而让消费者只将注意力放在这两者之上，而忽略其他的竞争对手。例如，可口可乐与百事可乐之间的竞争，天猫和京东之间的竞争，反而弱化了消费者对于第三方竞争对手的关注。你认为这是为什么？

（四）代言人诉求策略

1. 代言人诉求策略的概念

代言人诉求可以采用知名人士代言，也可以采用普通消费者代言或专业人士与企业经营者代言。但大多数情况下，是聘请知名人士进行代言。

2. 知名人士代言的作用

（1）可以迅速提高品牌或者产品的知名度

对于一个新品牌或者新产品而言，请知名人士作为代言人推出广告，就可以借助知名人士的高知名度，在短时间内迅速提高品牌或产品的知名度。

（2）能够改变目标消费群或者锁定目标消费群

一般知名品牌选择知名人士代言，要么是为了改变目标消费群（包括扩大目标消费群），要么是为了巩固目标消费群，加强品牌与目标消费群的关系，提高消费者的忠诚度。选择这个目标消费群青睐的知名人士来代言，比较容易达到预期效果。

3. 如何选择知名人士代言

（1）考虑消费群的重合度

知名人士的拥戴者应该与目标消费群有很大的重合，两者之间的重合点越多越好、重合面越大越好。如果两者之间很少重合，那么请这个知名人士代言广告是没有意义的。

如一个知名人士的拥戴者是年轻人，而产品的购买者与使用者是中老年人，那么，这个知名人士广告策略就是失败的。

（2）属性的相关性和关联性

每个知名人士都有自己的属性特征，如时尚、质朴、国际化、稳重、贤淑、知性等。知名人士的属性，特别是最明显的属性，如果与品牌或者产品最大的特点相吻合，就是最佳的结合。

4．规避知名人士广告的风险

运用知名人士代言广告，要注意规避知名人士可能带来的负面影响，要事先研究该知名人士的经历、生活习惯、职业生涯、发展前景及出现负面影响的可能性等。

一旦代言人出现负面新闻，就可能连累品牌或产品形象，所以企业需要有规避风险的预案及措施，一旦出现问题，要知道如何将消极影响最小化。

如果知名人士不喜欢或没有使用过该产品，也不宜代言该产品，这往往会导致品牌形象与知名人士形象的两败俱伤。

📚 **实操训练 5-7**

你最喜欢的偶像是谁？你认为他的身上有一些什么样的特质？最适合给什么样的产品或品牌进行代言？

📚 **实操训练 5-8**

你知道特种兵生榨椰子汁的代言人是谁吗？你认为是否合适，为什么？

📚 **实操训练 5-9**

在 2018 年世界杯期间，长城汽车公司花费巨资聘请某国际足球明星代言旗下品牌。请思考，长城汽车聘请国际足球明星代言是否合适，为什么？

（五）整合诉求策略

1．整合诉求策略的概念

一个广告活动本身是一个系统，系统中的每一个要素都不能独立运作。广告诉求策略是使广告诸多要素联结在一起的纽带，将众多的广告作品统一与锁定在一个广告目标上，约束整个广告创作的过程，也约束着广告创作中的每个人。无论什么样的广告诉求，都一定要有一个核心的诉求主题（也称为大诉求或大创意），统率广告活动的发展方向，这就是所谓的整合诉求策略。

2．整合诉求策略的要求

广告整合诉求必须有以下 3 个相似性。

（1）视觉的相似性，如代言人、吉祥物、风景等。

（2）言辞的相似性，如广告语、诉求主题、核心承诺、背景音乐等。

（3）态度的相似性，如怀旧式、古典式、快乐式等。

整合传播不仅要使所有的广告要素在广告主题上一致，还要使广告传达的格调协调一致。

3. 围绕主题纵深发展

一个广告活动实际上是一个长期性系统工程，广告整合诉求不仅要注意"左右逢源"，从多个角度展开，形成系列性的诉求；还要"瞻前顾后"，在为实现当前目标进行诉求时，要考虑到下一个目标的衔接，应该纵深演绎，随着时间的推进而不断强化核心诉求，整个过程应该有大局观、整体意识与主体思想。

所以，广告诉求所表现出来的中心主题，应该能为以后的广告诉求提供进一步纵深发展与横向拓展的表现空间和余地，以便构成广告活动的整体性和一体化。

以汽车为例，汽车广告涉及品牌、安全、环保、节能、动力等，广告诉求要具备差异性。品牌诉求点一经确定，应尽可能从核心诉求点的角度去演绎其他内容。

沃尔沃一直坚持以"安全"作为广告诉求点进行宣传，从不同角度不断深化"安全"的主题思想，长期以来形成了一个沃尔沃安全推广活动。例如，该品牌在讲自己豪华的属性的时候，说："如果没有安全，豪华只是奢侈品。"也就是说，在安全基础上的豪华才是有意义的。沃尔沃既展现了豪华的特点，但又没有偏离"安全"的核心价值。

1944年，安全车厢及胶合式夹层玻璃的问世，彻底奠定了沃尔沃汽车在汽车安全界鼻祖的地位。当时的报纸广告中，沃尔沃汽车用7辆车的超强叠加，证明了其拥有当时汽车界最强悍的坚固车身（见图5-2）。

图 5-2　7辆沃尔沃汽车叠加起来的广告

图 5-3 所示的广告图文并茂地展示了沃尔沃汽车即使遭遇最严重的碰撞，也能出色地保护车内人员的生命健康的能力。

图 5-3 广告语"我们设计每一辆车都以此为准则"

图 5-4 所示的广告在 1996 年戛纳广告节获得了平面广告作品金狮大奖。大片空白中，一枚安全别针折成汽车的轮廓，右下角为沃尔沃的标志和一段极小的文案：一辆你可以信赖的车。

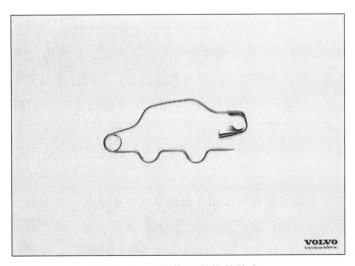

图 5-4 一辆你可以信赖的车

实操训练 5-10

请你为沃尔沃设计一则平面广告，在设计时融入"安全"这一元素。

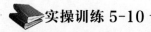

5.2 广告创意

5.2.1 广告创意的概述

我们知道，广告活动产生效果的前提，就是要吸引目标消费者的注意。在产品日益丰富、信息爆炸的今天，消费者的注意力正变得越来越稀缺和宝贵，人们也形象地把这种现象称为注意力经济。如今，广告主和广告公司比过去任何时候都更加重视广告创意。

威廉·伯恩巴克说，创意是广告的灵魂，是将广告赋予精神和生命的活动。我们没有时间也没有金钱允许大量的及不断重复的广告内容。我们呼唤我们的战友——创意，要使观众在一瞬间发出惊叹，立即明白产品的优点，而且永不忘记，这就是创意的真正效果。在现代广告运作体制中，广告策划成为主体，创意则居于中心，是广告的生命和灵魂。缺乏广告创意，广告活动不仅不能产生满意的效果，广告作品甚至会成为让消费者讨厌和厌烦的信息垃圾。

（一）广告创意的概念

从字面上理解，"创"的意思是创造，"意"可以理解为意象、意念、意境，创意就是创造新的意象、意念、意境。创意既可以作为名词，也可以作为动词。作为名词时的意思是具有创新的意识、思想、点子或构思、想法、主意等，在英文中叫"creative""idea""concept"；作为动词时，创意强调的是创造性的思维活动过程，英文中为"create"。

关于广告创意的含义，广告专家往往有不同的说法。广告专家大卫·奥格威认为"好的点子"即创意，他认为要吸引消费者的注意力，同时让他们来买你的产品，非要有好的点子不可，除非你的广告有好的点子，不然它就像快被黑夜吞噬的船只。1982 年，大卫·奥格威应邀在印度孟买广告俱乐部做过一次讲话。有人问他："奥格威先生，印度广告业从美国麦迪逊大街获取灵感，那么麦迪逊大街的灵感之源是什么？"他的回答是："别出心裁。"

另一美国广告界专家詹姆斯·韦伯·扬则认为，创意是一种产品、消费者及人性诸事项的组合。他解释真正的广告创作，眼光应放在人性方面，从产品、消费者及人性的组合去发展思路。另外，还有专家称广告创意为"伟大的构思""创造广告表现意境的思维过程""以艺术创作为主要内容的广告活动"等，这些说法，都在不同程度上道出了广告创意的含义，但也存在某些不足之处。

美国权威广告杂志《广告时代》总结多方面的意见，得出结论："广告创意是一种控制工作，广告创意是为别人陪嫁，而非自己出嫁，优秀的广告创意人员深知此道，他们在熟识产品、市场销售计划等多种信息的基础上发展并赢得广告活动，这就是广告创意的真正内涵。"

这一论断指出创意的一个重要前提：不能为创意而创意。创意不是目的，是市场竞争的手段，是为实现企业营销战略目标服务的。这实质上是广告创意的目标导向问题。广告创意价值通过服务于广告战略来实现，广告创意虽能增进价值、创造效益，但这一切都是间接的，难以评估。它无法直接去"追求效益"或"创造效益"，更何况创意基本是属于创造性思维方式，有它的特殊规律。

"创造效益"更不是要在消费者不需要的地方创造需要，需要不是创造出来的，它是客观存在的。广告创意无法创造需要，广告创意最多只能帮消费者去发现需要、满足需要。

由上可见，广告创意是为实现企业营销战略目标服务，以广告战略目标为导向，寻求最适合于广告信息策略，最能有效传达表现独特诉求的独特广告语言、独特广告表现手法及独特媒体传播方式的创意思维活动过程。

我们可以分别从广义和狭义的角度来理解广告创意的含义。从广义的角度，广告创意是对广告战略、策略和广告运作每个环节的创造性构想，也就是说广告创意要根据市场、产品、消费者等多方面的情况，根据广告目标的要求，把广告传播内容变成消费者易于接受的表达艺术；从狭义的角度，主要是从广告活动所体现的特征上来看，或者说从广告创意的形式上来认识，广告创意是用艺术形象影响和吸引消费者的构思，广告创意是一个意念、一种技巧、一个新的组合手段。因此，综合广义和狭义上对广告创意的理解，我们可以给广告创意下这样的定义：广告创意是用于表现广告主题的能有效与受众沟通的艺术构思。

（二）广告创意的原则

1. 广告创意的科学性与艺术性之争

20 世纪 60 年代是美国广告史上创意至上的年代，活跃着一大批伟大而杰出的广告人。在这一时期，曾出现了广告是科学还是艺术之争，形成了著名的"科学派""艺术派"与"芝加哥广告学派"。其中科学派的旗手大卫·奥格威、艺术派的旗手威廉·伯恩巴克和芝加哥广告学派的旗手李奥·贝纳被称为美国广告创意革命的三大旗手。

（1）广告创意的"科学派"

奥格威认为，广告是科学而不是艺术。他认为，"广告的内容比表现内容的方法更重要""真正决定消费者购买或不购买的是你的广告的内容，而不是它的形状"。在广告中，"选择正确的承诺极端重要"。正是在这一理论的基础上，奥格威主张，广告必须有"了不起的大创意""上乘的创意"。而创意的核心，便是选择正确而有效承诺的科学方法和技巧，而不是"想当然"。奥格威说："在奥美公司，我们用5种调查方法来找出什么是最有分量的承诺。"

"科学派"的核心主张是，创意必须服从科学的规定，必须来自科学的调查研究，而不是个人的主见和想当然；必须遵守一定的法则，而不是漫无约束；所要解决的核心问题是广告诉求内容的科学确立，而不是广告内容的表现。

（2）广告创意的"艺术派"

威廉·伯恩巴克是"艺术派"的旗手，针对20世纪60年代广告过分追求科学精确的调查研究而缺乏新意的状况，他认为不应过分崇拜技术而忘却实质。伯恩巴克尤为崇尚广告的艺术创新，并把调查研究视为妨碍创作的绊脚石。在他看来，"用调查研究及用命令来精确地做每一件事的缺点之一，就是过一会儿之后每个人都会有同样的做法。因为你走出去所找到的是同样的东西——如果你与许多人采取同一态度，那一旦你找出了该说什么，你的任务就完成了。其后你所要说的就和每位说这件事的人所说的一样，那时，你就完全失掉了你的冲击力"。

"艺术派"认为，同样的调查研究会得出同样的结论，从而导致广告创意的雷同。广告是说服，说服常常不是科学而是艺术，广告是说服的艺术。伯恩巴克认为，广告"怎么说"比"说什么"更重要。对此他如此解释，"你虽然能够把一切事情都放在广告里面，可是如果没有人被迫停下来去听你的，那就白费了""你没有吸引力使人来看你的这页广告，因此，不管你在广告中说了些什么，你都是在浪费金钱"。

广告是人与人沟通、交流的活动，艺术是人性、人心、人情的巧妙显现，真正具有艺术性的广告，才能产生独特的魅力，进而有效地与消费者沟通。

（3）广告创意的"芝加哥广告学派"

自称为芝加哥广告学派的李奥·贝纳，在广告创意的问题上，突出强调产品本身"与生俱来的戏剧性"，即"产品能够使人们发生兴趣的魔力"。他认为，广告创意最重要的任务是把它发掘出来并加以利用，而不是投机取巧，或依靠雕琢的技巧及牵强的联想。他说："每件产品都有戏剧化的一面。我们当前之急，就是要替产品发掘出其特点，然后令产品戏剧化地成为广告里的英雄。"

伯恩巴克的创意理论，偏重主张在了解所要广告的产品基础之上，充分发挥创意人员的想象力和创造力，而李奥·贝纳则偏重主张从所要广告的产品本身出发，去充分挖掘产品"与生俱来的戏剧性"，二者的思维取向存在着较大差异。此外还存在一点很大的不同，伯恩巴克突出强调广告创意的新奇性和独创性，李奥·贝纳则认为，纯粹的"与生俱来的戏剧性"就是"不必使你太乖僻、太聪明、太幽默，或者任何事情太怎样的东西——事情就是这样自然"。又说："你如果得不到注意,你就一无所得。你就要做得被注意,但是得到注意的艺术要自然,不要使人惊愕,也不要使用欺诈手段。"并宣称,芝加哥广告学派的作风是——"我们力求更为坦诚而不武断。我们力求热情而不感情用事。"

尽管李奥·贝纳与威廉·伯恩巴克在广告创意的问题上存在差异,但在广告究竟是科学还是艺术这一根本问题上,却是大体一致的:"怎样找出关于产品能够使人们产生兴趣的魔力,以引起他们的兴趣,并能极为迅速地导引他们得出应该买的那种东西的结论,实在是另外一种艺术。"只是他对艺术的主张,是要求更真诚、更淳朴、更自然。

2. 广告创意的原则

(1)科学性原则

广告创意一是要以科学调查为基础,二是要运用相关的科技成果。当今,科学性体现在创意和广告活动的每个环节中。不仅仅是创意策略,而且在媒体的混合使用及调查工作等方面,科学性都被广告界广泛认可。

(2)艺术性原则

任何一件有生命力的广告作品,都必然具有某种能触动人心、给消费者带来美感或愉悦的艺术魅力。广告创意是科学与艺术的结合。广告活动的科学性与艺术性,本来就不应截然划分,而应是相互渗透、共同发挥作用的。大体说,在表现之前,广告创意的科学性要素较强;在表现时,艺术的才能和直觉的重要性则更为突出。创意绝妙的广告,必然是科学与艺术的结晶。广告创意的艺术性就体现在让广告作品具有感染消费者的魅力,从而实现与消费者有效沟通的创意原则。广告作品的艺术魅力与创意者自身的信念有着密切的关系,一切有关真、善、美及对幽默的体认与执着等,都有可能形成自己的信念。作品就是创意者的风格体现。创意者信念所产生的风格,别人无法代替。好的创意要有独特的魅力。真正具有艺术性的广告才能产生独特的魅力,才能有效地与消费者沟通。

(3)创新性原则

创意的本质就是与众不同,创意的魅力就是对事情有新的看法或者不同的看法,永远都能找到新的角度谈旧的事情,并拥有新的爆发和新的震撼。

(4)双重效益原则

广告创意必须有助于广告主营销目标的达成,为广告主创造尽可能大的经济效益,这是衡量广告创意好坏优劣的重要标准。同时,广告创意必须贯彻社会效益原则,必须合法、合乎道德,这就要求创意人员不仅严格守法,而且要有严格的道德自律。

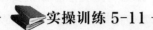

实操训练 5-11

广告创意就是"戴着枷锁跳舞"，你如何理解这句话？

5.2.2 广告创意的理论

现代广告从 20 世纪初发展至今，诞生了很多经典的广告创意理论，这些理论对无数的广告人乃至整个广告业的发展产生了深远的影响。从 USP 理论到 ROI 理论、与生俱来的戏剧性、品牌形象理论，再到定位理论，广告理论的发展也在不断地适应营销环境和传播环境的发展和变化。

（一）USP 理论

1. 理论内涵

USP 理论，又被译为独特的销售主张，由罗瑟·瑞夫斯提出，他认为想要让广告活动获得成功，就必须依靠产品的独特销售主张。其主要内涵在 5.1.2 节已经介绍过，这里不再赘述。

2. 经典案例

（1）M&Ms 巧克力广告（作者：罗瑟·瑞夫斯）

广告口号："只溶在口，不溶在手"（见图 5-5）。

创意说明：它既反映了 M&Ms 巧克力糖衣包装的特点，又暗示 M&Ms 巧克力口味好，以至于我们不愿意让巧克力在手上停留片刻。M&Ms 巧克力的广告成功地建立在分析产品特色的基础上。

图 5-5 M&Ms 巧克力广告

（2）喜力滋啤酒（作者：克劳德·霍普金斯）

广告语：喜力滋啤酒瓶是经过蒸汽消毒的。

创意说明：广告文案凸显了该品牌啤酒的干净和卫生。在生产啤酒的过程中并不是只有喜力滋的啤酒瓶会经过蒸汽消毒，许多公司也都会这么做。但因为它是第一个将这一点说出来的品牌，所以迅速赢得了消费者的青睐。

（3）乐百氏纯净水

广告语：乐百氏纯净水，27 层净化（见图 5-6）。

创意说明："27 层净化"给消费者一种"很纯净，可以信赖"的印象，也是运用 USP 理论的经典案例。

图 5-6　乐百氏纯净水电视广告画面

（二）ROI 理论

1. 理论内涵

ROI 理论是 20 世纪 60 年代的广告专家威廉·伯恩巴克根据自身创作积累总结出来的一套创意理论。该理论的基本主张是优秀的广告必须具备 3 个基本特征，即关联性（Relevance）、原创性（Originality）、震撼力（Impact）。其基本要点如下。

（1）好的广告应具备 3 个基本特征：关联性、原创性、震撼力。广告与产品没有关联性，就失去意义了；广告本身没有原创性，就欠缺吸引力和生命力；广告没有震撼性，就不会给消费者留下深刻的印象。

（2）同时实现"关联""原创"和"震撼"是个高要求。针对消费者需要的"关联"并不难实现，不关联但创意新奇也容易办到，真正难的是既要"关联"又要"震撼"。

（3）达到 ROI 必须具体明确地解决以下几个基本问题：广告的目的是什么？广告做给谁看？有什么竞争利益点可以做广告承诺？有什么支持点？品牌有什么特别的个性？选择什么媒体是合适的？消费者的突破口或切入点在哪里？

2. 经典案例

甲壳虫汽车（作者：威廉·伯恩巴克）

创意说明：按照常理，产品广告都是以自夸居多，即便是提到缺点也是点到为止，很少有人敢于直言不足，尤其在大字标题上。

在美国人眼中，甲壳虫和当时流行的大型豪华轿车相比，既小又丑陋，并不讨人喜欢，这使它在一定程度上遭到厌弃。想要为这样"一只甲壳虫"改头换面、塑造形象，难度可想而知。在美国俗语中，人们把不中用的东西，或是废品叫作"柠檬"，而把优异的、十全十美的东西称作"李子"。伯恩巴克就顺应了当时普遍的想法，在广告中把一辆没有通过出厂检查的甲壳虫汽车命名为"柠檬"，并强调检查环节多达189个，用以表明甲壳虫汽车对于产品质量的重视，如图5-7所示。

大字标题：柠檬
文案：这辆甲壳虫没赶上装船起运。
仪器板上放置杂物处的镀层有些损伤，这是一定要更换的。你或许难以注意到，但是检查员克朗诺注意到了。
在我们设在沃尔夫斯堡的工厂中有3389名工作人员，其唯一的任务就是：在生产过程中的每一阶段都去检查甲壳虫（每天生产3000辆甲壳虫，而检查员比生产的车还要多）。每辆车的避震器都要测验（绝不抽查），每辆车的挡风玻璃也经过详细的检查。大众汽车经常会因肉眼看不出的表面擦痕而无法通过检查。最后的检查实在了不起！大众的检查员们把每辆车像流水一样送上检查台，通过总计189处检验点，再飞快地直开自动刹车台。在这一过程中，50辆车，总有一辆被卡下"不予通过"。
对一切细节如此全神贯注的结果是，大体讲大众车比其他车子耐用而不大需要维护（其结果也使大众车的折旧较其他车子为少）。
我们剔除了"柠檬"（不合格的车），而你们得到了"李子"（十全十美的车）。

图5-7 甲壳虫汽车广告《Lemon》

（三）与生俱来的戏剧性

1. 理论内涵

李奥·贝纳认为，一般情况下，根据产品和消费者的情况，要做到恰当的描述，只有一个名词能够表示它，只有一个动词可以使它动，只有一个形容词可以准确描述它。对于创意人员来说，一定要找到那个名词、那个动词及那个形容词。

李奥·贝纳的意思是，必须找到传达产品和服务内在特点的最为准确的方式，而只有一种方式可以使广告对于消费者来说具有最大的戏剧性效果。他鼓励广告创意人永远不要对"差不多"感到满足，永远不要依赖欺骗（即使是聪明的欺骗手段也不要用）去逃避困难，也不要依赖闪烁的言辞去逃避困难。

2. 经典案例

月光下的收成（作者：李奥·贝纳）

广告标题：月光下的收成。

正文："无论日间或夜晚，青豆巨人的豌豆都在转瞬间选妥，风味绝佳……从产地到装罐不超过 3 个小时。"

创意说明：这是 20 世纪 30 年代末期李奥·贝纳为绿巨人公司所写的广告。李奥·贝纳解释说："如果用'新鲜罐装'做标题是非常简单的；但是'月光下的收成'则兼具新鲜的价值和浪漫的气氛，并包含着特种的关切，这在罐装豌豆的广告中是难得一见的妙句。"

（四）品牌形象理论

1. 理论内涵

品牌形象理论是大卫·奥格威在 20 世纪 60 年代提出的，他认为，在做广告时，企业与产品的声誉、形象比产品本身及其特点更加重要。该理论的要点如下。

（1）塑造品牌是广告最主要的目标。广告就是要力图使品牌具有并且维持一个高知名度的品牌形象。

（2）任何一个广告都是对品牌的长程投资。从长远观点看，广告必须尽力去维护一个好的品牌形象，而不惜牺牲追求短期效益的诉求重点。

（3）随着同类产品的差异性减小，品牌之间的同质性增加，消费者选择品牌时所运用的理性就越少，因此，描绘品牌形象比强调产品的具体功能要重要得多。

（4）消费者购买时所追求的是"实质利益+心理利益"，对某些消费者来说，广告尤其应该重视运用品牌形象来满足其心理需求。

2. 经典案例

万宝路（作者：李奥·贝纳）

创意说明：万宝路最早主打女性市场，广告以女性的优雅姿态为卖点，但一直效果平平，针对女性吸烟容易留下口红印，公司甚至把烟嘴换成红色，但效果依然不佳。直到李奥·贝纳提出将万宝路的形象由女性变成男性，用强壮的西部牛仔形象重新定位万宝路，万宝路的品牌形象才真正开始深入人心，成为了勇敢与不羁的代名词。

1955 年，万宝路硬汉形象在美国全境推广，年销售额达 50 亿美元，比 1954 年狂升 3241%；销售前景一片光明。在接下去的 10 年中，李奥·贝纳又为万宝路尝试了其他一些形象，如棒球手、赛车手和橄榄球手，也取得了同样的成功。

（五）定位理论

1. 理论内涵

20 世纪 70 年代末，艾·里斯和杰克·特劳特在《广告攻心战略——品牌定位》一书中，系统总结了 30 多年的营销经验，提出"广告已进入了一个以定位策略为主的时代"，标志着广告定位理论的正式形成。

那么什么是定位呢？定位就是基于把广告作为一种传播活动，为了提高传播效果，从市场出发，确立传播对象；从消费者的信息心理与品牌认知实况出发，确立诉求点，投消费者之所好，从而在消费者心目中的产品阶梯上占据有利的位置；这个位置一旦确立起来，就会使人们在产生某一特定需求时，首先考虑该品牌。定位是企业在经营过程中，为适应消费者的不同需求，在市场细分的基础上，努力使产品差异化，从而在消费者心目中占据位置、留下印象的营销方法。

2. 经典案例

（1）艾维斯汽车租赁公司（简称"艾维斯"）（作者：威廉·伯恩巴克）

广告标题：艾维斯在租车业只是第二位，那为何与我们同行？（Avis is only No.2 in rent a cars.So why go with us？）

广告正文：我们更努力（当你不是最好时，你就必须如此），我们不会提供油箱不满、雨刷不好或没有清洗过的车子，我们要力求做到最好。我们会为你提供一部新车和一个愉快的微笑……与我们同行，我们不会让你久等。

创意说明：20世纪五六十年代，美国汽车租赁业的竞争十分激烈，在几家全国性大公司中一直位列第一的是哈兹公司，其市场占有率达到50%，财力是艾维斯的5倍，年营业额是艾维斯的3.5倍。在这样强大的竞争对手的压制下，艾维斯在成立之后的15年中，年年亏损，几乎到了难以为继的境地。1962年，艾维斯更换了总裁，新总裁罗伯特·汤生调整了经营策略，同时选择了伯恩巴克的DDB公司作为自己的广告代理商。他要求DDB公司以100万美元的广告费实现500万美元的效果来帮助艾维斯扭转颓势。伯恩巴克果断大胆地提出了"第二位宣言"，即放弃争当第一的目标，采用"第二位"的定位。该创意运用了逆向定位的策略，即不像通常策略一样强调自身的优势，而是突出市场上名气更大的竞争对手并表示自己不如它，但自己正在努力追赶。这样的做法巧妙地利用了人们心理上认为第二位和第一位相差不多的感觉，以谦虚的姿态把艾维斯安置于仅次于市场领袖的第二位，很好地稳定了其市场地位。艾维斯谦逊而努力的姿态及诚恳的服务承诺博得了消费者的好感和信任，为艾维斯进一步谋求市场突破奠定了基础。

两个月之后，艾维斯奇迹般地盈利了，同年就有120万美元的盈余；第2年，这一数字上升到260万；第3年，盈余达到500万美元，这使艾维斯几乎赶上了哈兹公司，从而打开了市场局面。通常的定位策略就是要争做第一，而艾维斯采取了放弃争做第一而是争做第二的全新定位策略，它是历史上"第一个"宣称自己是排在第2位的企业，业界也普遍认为这支广告是历史上最早的定位广告之一。

（2）七喜

广告语："非可乐？"（The uncola？）（见图5-8）

创意说明：20世纪60年代，在美国饮料市场上，可口可乐和百事可乐是毋庸置疑的领导者，市场上平均每消费 3 瓶清凉饮料，就有 2 瓶是可乐。"七喜"是百事公司旗下的另一种碳酸饮料，从严格意义上来说，它与可乐同属一类。面对当时的饮料市场，七喜发明并采用了"是非定位"的广告策略，开辟了一个全新的市场。"七喜，非可乐"，这则广告口号向人们表明了饮料可以分为可乐型和非可乐型两大类。假如你不选择可乐，那么似乎七喜就成了首要的选择，因为七喜是第一个明确自己是非可乐的饮料。借助高明的定位，七喜成为与可口可乐、百事可乐齐名的三大饮料之一。

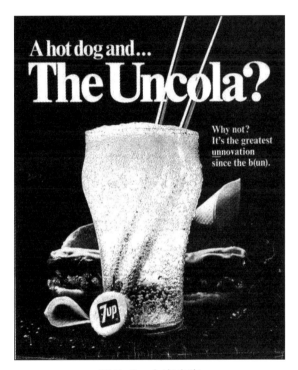

图 5-8　七喜广告

是非定位利用人们在观念中对某个对象或某件事所持有的肯定或否定的看法，把产品与市场按照"是"与"不是"的模式进行简单的区分，使消费者形成有利于自身的观念判断，依赖消费者对原有某些消费观念的否定来开辟新市场。

📖**实操训练 5-12**

　试分别举出能够体现 USP 理论、ROI 理论、与生俱来的戏剧性、品牌形象理论、定位理论的广告案例，并做简单分析。

📖**实操训练 5-13**

　你认为 USP 理论、ROI 理论、与生俱来的戏剧性、品牌形象理论、定位理论这些广告创意理论之间有何相同点和不同点？

5.2.3　广告创意的思维

思维是人脑对客观事物间接的、概括的反映，是在实践的基础上产生和发展的，是人脑对客观现实的加工活动。

现代广告创意是高智慧的劳动，是一种运用脑力的创造性思维活动，不同的思维方式往往产生截然不同的创意。要产生优秀的创意，就要打破习惯性思维方式，借助创造性思维。常见的广告创意思维有形象和抽象，发散和聚合，顺向和逆向，垂直和水平，以及灵感、顿悟和直觉等。

（一）形象和抽象的思维

1．形象思维

形象思维又称直觉思维，是借助于具体形象来进行思考，具有生动性、实感性的思维活动。通俗地说，形象思维就是由"形"而及"象"，由"象"而及"形"的思维过程。形象思维以直觉为基础，通过某一具体事物引发想象而产生创意。形象思维是一种多途径、多回路的思维。

2．抽象思维

抽象思维即逻辑思维，它是借助概念、判断、推理等抽象形式来反映现象的一种概括性、论证性的思维活动。例如，A 比 B 长、B 比 C 长，则 A 一定比 C 长，这就是运用概念进行逻辑推理得来的判断。

抽象思维在广告创意中表现为运用抽象化手法来表现具体的事物、情感和意念。由于抽象语言、意象的能指范围更广泛，有一定的模糊性和弹性，受众在理解上拥有更大的心理张力，使广告在表现上变得更加丰富和生动，更具美感。

抽象思维也贯穿于广告创意的全过程：在资料收集和分析归纳阶段，要运用抽象思维进行分析、综合、抽象、概括、归纳、演绎、比较推理；在评估发展阶段，也要运用抽象思维使创意条理化、系统化、理论化。

（二）发散和聚合的思维

1．发散思维

发散思维又叫扩散思维、立体思维、辐射思维，指的是由一点向四面八方想象、散发的思考问题的方法。广告创意运用这一思维方法可以充分调动积淀在大脑中的知识、信息和观念，运用丰富的想象，产生更多新的意念和方案。

2．聚合思维

聚合思维又叫收敛思维、集中思维，是指以某个问题为中心，运用多种方法、知识或手段，从不同的方向和不同的角度，将思维指向这个中心点。如果说发散思维是放飞想象，聚合思维就是回收想象。

发散思维与聚合思维有着明显的区别。从思维方向讲，两者方向恰好相反。从作用上讲，发散思维有利于思维的开阔，有利于空间上的拓展和时间上的延伸，但容易散漫无边、偏离目标；聚合思维则有利于思维的深刻性、集中性、系统性和全面性发展，但容易因循守旧、缺乏变化。

在开发创意阶段，发散思维占主导；在选择创意阶段，聚合思维占主导。一个好的广告创意就在这种发散-聚合-再发散-再聚合的循环往复、层层深入中脱颖而出。

（三）顺向和逆向的思维

1. 顺向思维

顺向思维是常规的、传统的思维方法，指的是人们按照传统的程序从上到下、从小到大、从左到右、从前到后、从低到高的常规的方式进行思考的方法。这种思维方式我们经常会用到，它在处理常规性问题时具有一定的积极作用。但是顺向思维的常规性容易导致习惯性思维，也就是思维定式。

目前，许多广告作品在形式上受经验、思维定式的影响，缺乏新意和吸引力。例如，传统的观念认为只有男人才使用剃须刀，所以广告中的人物形象往往选择一个男性；只有女人才使用香水，所以广告中要选用女性形象。

顺向思维只注重已有的联系，遵从已有的经验，却忽视了事物之间常常是互为因果，具有双向性和可逆性的特点。

2. 逆向思维

逆向思维是一种反常规、反传统的思维方法，注重标新立异，常常让创意和策划工作获得新的突破。在广告创意中采用顺向思维是选择一条熟悉顺畅的路，但它往往会使创意陷入一种固定的方向，只想表达产品如何好，会给人带来什么好处等。当大家都顺向寻觅时，逆向探索往往更能找到出奇制胜的创意新路。艾·里斯在《广告攻心战略——品牌定位》一书中说："寻找空隙，你一定要有反其道而想的能力。如果每个人都往东走，想一下，你往西走能不能找到你所要的空隙。哥伦布所使用的策略有效，对你也能发挥作用。"

例如，1989 年，加拿大西格拉姆酿酒公司在美国 150 家报刊同时刊出一则令人目瞪口呆的广告："劝君切莫饮酒过量。"广告刊出一个月后，公司收到 15 万封赞扬信，称赞其对消费者的关心和诚实负责态度。在这期间其销售量也增加了一倍。美国其他啤酒公司也纷纷效仿，提出了诸如"要学会抵制再来一杯的诱惑""酒客不是朋友"等广告口号，并在电视台开起了节制饮酒的教育课。结果是，这些品牌的销售量也都大增。国内品牌也有类似的运用逆向思维的成功广告案例，例如，华为于 2016 年在波兰发布的一则广告斩获"广告界奥斯卡"艾菲奖，广告号召大家放下手机，珍惜与朋友和亲人相聚的珍贵时刻，如图 5-9 所示。

图 5-9　华为广告

（四）垂直和水平的思维

1. 垂直思维

垂直思维是指垂直于某一特定领域或问题的专业、纵向的思考方式，其思考的方向是垂直于研究对象的往深层次、往本质的思考。垂直思维注重源头分析，即通过深入了解、研究某事物的领域、规律及机制等方面，逐层深入，寻找事物的本质，从而创新性地解决问题。

例如，以下一组问答就是对于垂直思维的典型运用。

问：如果从"白天"想起，你能想出几个有"白"字的词？

答：白天、白日、白昼、白日梦、白纸、白发、白布、白旗、白衬衫、白大褂、白衣天使、白宫、白玉、白云、白开水、白头翁、白斑、白雪、白梅、白兔、白鹅、白鸽、白露、白雾、白皙、白净、白线、白银、白菜、白肉、白杨树、白熊、白令海峡、白垩纪、白纸……

2. 水平思维

水平思维是指摆脱对某种事物的固有思维模式，通过与某种事物相互关联的其他事物进行分析比较，另辟蹊径，寻找突破口。运用水平思维要善于捕捉偶然产生的构想，沿着构想去思考，从而产生不同的创意。习惯上人们往往是在原有知识和经验范围的基础上思索新的创意，一旦形成了一两个创意雏形后，虽然可能觉得不够理想，但这些固有的经验总是把人们的思路束缚住，使人们难以摆脱。这时不妨跳出原有观察和思考的角度，运用水平思维往往可以带来新的突破。

例如，以下一组问答就是对于水平思维的典型运用。

问：不用"白"字，想一下都有哪些与"白"有关的词？

答：纯洁、干净、安详、平凡、朦胧、安逸、空旷、少女、光明、医院、护士、冰岛、冰冷、结冰、圣洁、高贵、无菌、简单、清凉、冷淡、苍凉、凄惨、平淡、轻柔、友情、纯真、无邪、乏味、无情、飞翔、漫无边际、棉花、化妆品、反光、刺眼、放松、自由……

（五）灵感、顿悟和直觉的思维

1. 灵感思维

在现实生活中，当一个人在进行创造性活动时，如果对某一问题长期追索仍百思不解，可能由一些事件的"触发"而灵机一动，计上心来，一下子获得清晰的线索、深刻的理解和可行的方案。这种突然产生的想法，我们就称之为灵感。

灵感思维是一种瞬间产生的富有创造性的突发思维状态，具有一般思维活动不具有的特性，如突发性、跳跃性、创造性、瞬时性、兴奋性等。灵感的出现并不神秘，它表现的形式是偶然的，实际却是必然的，是潜意识转化为显意识的一种特殊表现形态。灵感是创作欲望、创作经验、创作技巧和诱发情景的综合产物。

2. 顿悟

顿悟即顿然领悟，是心理学关于学习的一种学说，由格式塔心理学者柯勒提出。他认为高等动物和人类的学习，不是对个别刺激做个别的反应，而是对整个情境做有组织的反应的过程。顿悟是一种突发的特殊思维现象，在创意过程中处于关键性阶段，属于创意的高峰期，是人脑的高层次活动。

顿悟近似灵感，但二者在本质上有很大的不同。顿悟属于直觉的范畴，它是创造者对客观事物的规律性获得直觉认识的一种外在表现，有更多的理性成分。它是理性思维在经验积累的基础上，在一种适宜情境下受诱发而产生的结果。

3. 直觉

直觉即直观感觉，指未经充分逻辑推理的感性认识，是一种对经验的共鸣的理解，是最敏锐的经验判断过程。直觉是对问题的内在规律（即客观事物的本质联系）的深刻理解，这种理解来自经验和积累，是在经验积累到一定程度突然达到理性与感性产生共鸣时而表现为豁然贯通的一种顿悟式的理解，是由于判断过于敏捷而呈现的貌似感性实为理性的理解。

直觉是一种高素质、多经验的人才有的能力，他们能进行高密集、高速度的信息处理，在理解力、判断力、鉴赏力和洞察力方面都有非凡之处。例如，有经验的策划人员在全面了解一个广告产品后，容易凭直觉判断出是采用品牌形象塑造还是采用定位策略；影视广告导演看到一个原始创意，可以很快构思具体的分镜头脚本；创作总监凭职业直觉监督着广告创意的具体执行，不使创意出现散落与变形。

📚**实操训练 5-14**

假设你正在为某国产运动品牌以"国潮"为主题创作一则平面广告，请尝试运用抽象思维创作其广告文案部分，并运用形象思维创作其画面构图部分。

📚**实操训练 5-15**

请回忆你在实操训练 5-14 中的广告创意过程，你是否分别用到了发散和聚合思维？这两种思维都是在广告创意的什么阶段运用到的？

实操训练 5-16

请尝试运用逆向思维，围绕"国潮"中的"潮"这一意象进行广告创意。

实操训练 5-17

1. 如果从"国潮"中的"国"字想起，你能想出几个有"国"字的词？
2. 如果不使用"国潮"中的"国"字，你又能想到哪些与"国潮"中的"国"有关的词？

实操训练 5-18

你认为在广告创意的过程中，出现灵感、顿悟和直觉的共同前提是什么？

5.2.4　广告创意的方法

在进行广告创意时，广告创作人员仅仅具有创造性思维是不够的，还应该掌握广告创意的具体方法，最常用的有以下几种。

（一）创意简报大纲

图 5-10 是某广告公司的创意简报大纲。在创意流程中，创意简报大纲是在对广告产品、市场、消费对象、竞争产品等方面的前期研究和策划基础上制定出来的，用于沟通整体广告活动战略与具体广告作品创意，是广告主与创意人员沟通的最重要的媒体，是广告创意的基础性、指导性文件。它包括以下几个方面内容。

The Creative Brief 创意简报

Client 客户		Job No 工作编号	
Brand 品牌		Date 日期	
Job Description 工作描述：			
Purpose Of Advertising 广告目的			
Brand Personality 品牌个性			
Competition 竞争分析			
Target Marketing 目标消费者分析			
Where are we now? 我们现在何处？			
Where are we going? 我们将往何处？			
The Button 单一诉求（按钮）			
Support 支持点			
Style & Tone 风格和调性			
Restricted Condition 广告限制条件			
Required Elements 广告必需元素			

图 5-10　某广告公司创意简报大纲

1. 有关产品的背景

背景如产品自身的历史、以前市场开发的情况、同类竞争对手的情况等。最好有针对性、较完整地准备好广告所要解决的问题的背景资料，如搜集与广告目标直接相关的可能影响产品、品牌认知、态度变化、消费行为的因素性资料。

2. 目标市场

对目标市场的描述常能启发创意人员的创作灵感。广告是广告主和具体消费者的沟通桥梁，只有对这些具体消费者产生影响，广告才能发挥应有的功效。描述包括消费者对这类产品的了解、看法、感觉、兴趣，消费者如何区分不同的产品，在什么时候使用这种产品而不使用竞争对手产品的原因是什么。

3. 广告的角色和目的

创意简报大纲要清楚告诉创意人员他们创作的具体广告在整个广告战略中，或在促销中所处的地位和承担的责任，使创意人员明确他们的具体任务及广告应达到什么目的；并将广告目的明确、简要地写出，以起提醒、导向的作用。

4. 定位主张和承诺

主张是广告诉求的基点，只有精准定位产品，并把宣传该产品的诉求方向确定好，才能确定广告表现的基本方针。而承诺具体阐述的是产品、品牌针对消费者的需要而提供的基本利益或解决问题的方法。

5. 消费者反应

广告创意最终由消费者接受才算真正完成，但消费者对接收的信息的情理感受可能与创意初衷并不一致。因此，建立以消费者反应为标准的创意品质控制机制，对保证创作成功至关重要。此外，创意会议的其他人员的意见可以成为某种程度的创意标准，来修正创意理念，以帮助创意人员明确要达到的预期效果。

6. 执行原则

给创意人员提出太多的原则性要求会束缚、限制创意人员创作灵感。明智的做法是为创意人员提供一些可供参考的角度，如可以从哪些方向发展创意，最好能体现一种什么样的档次、情调、品位等。

7. 要求

这方面内容如广告的计划及策略的要求，媒介类型，制作要求（彩色还是黑白），尺寸规格或时间长短，创意、制作弹性空间，制作费用及完成期限等。

（二）广告创意会议——头脑风暴

头脑风暴（brainstorming）是一种借助于会议形式，集体动脑、互相启迪而催生广告创意的方法，于 20 世纪 40 年代由 BBDO 广告公司的阿历克斯·奥斯本首创。几十年来，这种方法被世界各地的广告机构普遍采用，也被一些政党、议会、研究所、大学采纳。

这种会议的与会人员通常为 10 人左右，创意人员应该训练有素，而不只是在会议上突发奇想者。会议设一位主持人和一两位秘书。主持人预先将会议的时间、地点、议题告知与会者，而会议一般持续半小时或一个小时，有时之后可以再开一两次会补充。会议开始后，主持人先将议题和所有相关的背景材料做详尽的介绍，然后每个人开动脑筋、任思绪驰骋，畅所欲言，秘书及时将大家想出的创意记录在大张白纸上，并悬挂在室内，使在场人员随时可以看到。会后由主持人将优秀创意加以综合，撷取精华构成系统完整的创意方案。

会议对主持人的要求很高，主持人需要把握整个会议的节奏，保持既紧张严谨又活泼宽松的氛围，引导会议向既定方向推进。这种氛围便于激发与会者的思想火花，促进沟通交流，互相启迪和补充。会议一般会对与会者提出下列要求：第一，会上禁止提出批评和反对意见；第二，鼓励自由发言，大胆地表达思想，创意无论怎样新颖、与众不同都不足为怪；第三，创意的数量越多越好；第四，欢迎在别人创意的基础上联想、发挥、改进，以形成新的创意。

通常仅仅举行一两次会议是不够的，需要多方人员正式和非正式的不断交流。

（三）笔记法

一个好的创意，往往得益于广告知识、素材和经验的积累。中国有句俗语："好记性不如烂笔头。"笔记法便是鼓励创意人员养成做笔记的习惯，随身带着纸和笔，把生活中和工作中看到听到想到的所有有价值的东西一一记录下来，特别是头脑中闪烁的思想火花，这些零星的记录看起来支离破碎，没有什么价值，可一旦创意人员以新的思路、新的角度去审视和重温它们，这些随手记下的想法就可能催生优秀创意，或本身就可以成为一个好创意。

之所以要在广告创意人员中提倡笔记法，是因为许多精彩的想法往往只是瞬间出现，在时过境迁之后，很可能消失得无影无踪。另外，笔记本中记下的内容常是一些相互间毫无关联、跳跃的思绪，它们有助于打开人的思路，使思维更开阔、更活跃。

（四）图示法或思维导图

这是广告创意人员在独自进行思考时常采用的一种方法，如图 5-11 所示。他们用画图的方式从商品的方方面面进行通盘考虑，一边考虑一边画图，沿着一条一条思路随意画下去、想下去，直到想出一个好的创意。这种思考是围绕着产品从多方面展开的，例如"产品→同类竞争产品→中文名→外文名→含义→谐音→色彩→形状→产品特性与人们的消费习惯、消费心理的联系→产品的用途、作用、使用方法及性能→产品在社会生活中的地位→产品带给不同层次人士的印象→产品的技术条件→价格方面的优惠条件"等。

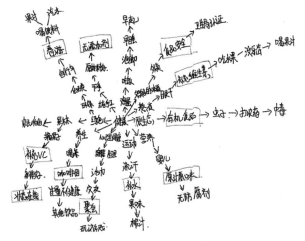

图 5-11　思维导图示意图

实操训练 5-19

假设你现在需要为所在城市的本土小吃品牌 XX 产品，创作一则 60 秒的广告宣传片，目标消费者为来本地旅游的群体。请组成 6～10 人的创意小组进行头脑风暴，对这则广告宣传片的广告主题进行创作。

实操训练 5-20

根据你们小组在实操训练 5-19 中得到的广告主题，请围绕这一主题，运用思维导图的方法，对广告宣传片中的分镜头场景进行创作。

5.2.5　广告创意的流程

（一）五步创意法

关于广告创意的步骤和方法，广告界流行的一种较为经典的论述是广告创意专家詹姆斯·韦伯·扬在《广告创意的方法》一书中提出的"五步创意法"，如下所示。

（1）收集原始资料，包括解决眼前问题的资料和平时不断积累储存的一般知识资料。

（2）用心仔细检查这些资料。

（3）深思熟虑，让心智到处触试，把一件事反复地从不同角度，用不同见解、不同方式加以观察；然后记录忽隐忽现的不完整的片段；再使思维处于无意识状态，让心智在下意识中自然而然地"消化"材料，寻求相互关系并进行汇聚组合的综合工作。

（4）在一段休息放松之后，创意产生。

（5）耐心工作，完善创意并形成最后创意；然后征询意见，完成适应性部分，把它发展成为能够实际应用的创意。

（二）广告创意的一般流程

1．收集资料阶段

新颖、独特的广告创意是在充分掌握信息的基础上产生的。在进行广告创意前，需要收集的资料包括特定资料和一般资料。

特定资料：与创意密切相关的产品、服务、消费者及竞争者等方面的资料。

一般资料：创意人员个人必须具备的知识和掌握的信息，这是人们进行创造性思维的基本条件。

2．分析资料阶段

这一阶段主要是对获得的资料进行归纳和整理，找出产品本身最吸引消费者的地方，发现能够打动消费者的要点，也就是广告诉求点，主要有以下步骤。

（1）列出广告产品与同类产品所具有的共同属性，如设计思想、生产工艺水平、适用性、耐久性等。

（2）列出广告产品与竞争产品的优势、劣势，通过对比分析，找出广告产品的竞争优势。

（3）将列出的有关产品的特性做成表格，清楚地了解产品的性能与消费者的需求和其所能获取利益之间的关系，最后结合目标消费者的具体情况，找出诉求重点，即定位点。

3．酝酿阶段

如果经过较长时间的苦思冥想还没找到满意的结果，不如先丢开广告概念，松弛一下神经，做些放松的事情，如听音乐、打球或睡觉等，说不定创意的灵感在轻松悠闲时就会产生。

4．开发阶段

这是广告创意的产生阶段，也称为灵感闪现阶段，詹姆斯·韦伯·扬把这一阶段称为"寒冷清晨之后的曙光"。在这一阶段会产生很多个新的创意，这些创意往往具有不同的特点，要注意把每一个新的创意记录下来，以备筛选。

5．评定阶段

在这一阶段，要对前面提出的几个创意逐个进行研究，最后确定其中的一个。在研究过程中要对每个创意的长处、短处，是新奇还是平庸，是否有采用的可能进行评价，经过认真的研究探讨后，再确定选用哪一个创意。要注意从以下几个方面加以考虑。

（1）广告创意与广告目标是否吻合。

（2）广告创意是否符合诉求对象及将要选用的媒体的特点。

（3）与竞争产品的广告创意相比是否具有区别和独特性。

接下来，我们通过某品牌减肥茶的广告创意案例来理解一下广告创意的过程。

创意命题：某品牌减肥茶平面广告。

创意步骤如表 5-1 所示。

表 5-1　某品牌减肥茶平面广告创意步骤

收集资料阶段	我们可能需要收集这样一些资料：如：该品牌减肥茶是什么？品牌定位是什么？
分析资料阶段	通过对资料的分析，我们需要思考的是如何表现"减肥"的诉求？
酝酿阶段	通过前期的资料收集和分析，我们针对广告的表现元素做了如下的思考： 瘦→美→蝴蝶？ 胖→毛毛虫？
开发阶段	"化蛹成蝶"的创意产生
评定阶段	对创意的合理性和可行性进行评估，如：是否能够很好地反映广告主题？是否能够实现广告目标？消费者是否能够理解这个创意？是否触犯了相关法律法规？
表现阶段	开始寻找表现素材，继续完成设计制作环节

某品牌减肥茶平面广告作品如图 5-12 所示。

图 5-12　某减肥茶平面广告作品

实操训练 5-21

　　某茶饮品牌基于共同理念和相同目标群体将与某知名时尚杂志展开的跨界合作。该茶饮品牌的定位是：为追求品质生活的女性，提供简单易坚持的养生方式，帮助她们改善身体，减轻亚健康困扰，让女性达成身心合一、内外兼修，更好地从生活工作的压力中放松出来。请尝试按照广告创意流程的 5 个阶段，对其网络平台的系列平面广告进行一次完整的广告创意。

5.3 广告表现

5.3.1 广告表现内涵

（一）广告表现的定义

广告表现就是根据广告媒体的传播特点，将广告的主题意念、创意构想，充分运用语言、文字、音乐、图片、画面等形式传递表现出来的过程。

（二）广告表现的地位

最初的广告表现是包含于广告制作之内的，随着商业社会的发展，广告需要传递的信息日益膨胀，广告越来越复杂，广告制作必须要依靠事先制定好的广告脚本（即广告表现）才能更好地表现广告所要传达的信息，这使广告制作与广告表现相分离。广告制作更偏向于拍摄、画面描绘技巧等技术处理，而广告表现更偏向于将广告创意构思进行具体化的表现。

（三）广告表现的意义

1. 广告表现是实现广告目标的中心环节

广告表现是整个广告活动的转折点，在整个广告活动中处于承上启下的地位，是实现广告目标的中心环节。

2. 广告表现反映了创作人员的基本素质

在进行广告表现时，创作者不仅需要充分把握品牌或产品、目标消费群体等信息，还需要掌握各种广告表现手法，同时具有审美能力和创新思维。水平高的创作人员在创作广告作品时既能充分理解广告战略，准确抓住诉求重点，又能让广告作品充满魅力，从而吸引消费者的注意。

3. 广告表现的好坏影响着消费者对产品的评价

广告是影响消费者对于产品评价的重要因素之一。广告表现指导着广告成品，是广告成品的直接决定者，因而广告表现的好坏也就影响着消费者对产品的评价。

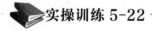
实操训练 5-22

在网络上搜索南方黑芝麻糊的电视广告，谈谈在此广告中使用的广告创意方法。

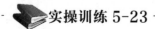
实操训练 5-23

模仿南方黑芝麻糊电视广告脚本，将任意一个电视广告写成脚本形式。

5.3.2　广告表现的手段

广告表现的最终成果是广告产品，广告作品的表现手法虽然丰富多样，但表现手段只有两种，即语言手段和非语言手段。

（一）语言手段

语言手段包括有声语言和无声语言。有声语言是指声音，如广告歌曲，广告中的对话、旁白等，它是电子媒体的主要表现手段。无声语言是指符号化语言，即文字，它是平面广告信息的主要承载者，广告中文字部分占有相当大的比例。

在现代的广告学知识体系中，一般将语言手段的广告表现手法称为广告文案，也就是广告作品中全部的语言文字部分，不包括画面、图片、音响等，具体包括以下4个部分。

1．广告标题

广告标题是每一个广告作品为传达最重要或最能引起诉求对象兴趣的信息，而在最显著位置以特别字体或特别语气突出表现的语句。标题按照数量的多少，可以分为单一标题和复合标题；又可以按照是否直接表达产品诉求，分为直接标题和间接标题。

广告标题的创作方法众多，常见的有新闻式、炫耀式、对比式、比喻式、疑问式、悬念式、祈求式、寓意式等。在创作广告标题的过程中，要牢记标题的作用在于突出最核心的广告信息，吸引消费者阅读接下来的正文，要避免广告标题字数过多、缺乏吸引力等问题。

2．广告正文

广告正文又叫广告内文，是指广告文案中向消费者传达主要广告信息、居于主体地位的语言文字部分，是对广告主题的详细阐述部分，通常用来介绍产品的功效、产品给消费者带来的利益或者企业的特点、宗旨等，通过详细解说来劝服消费者，促使他们采取行动。

广告正文的写法没有明确限定的格式，一般在写作时可以采用抒情、散文、小品、相声、故事、书信等各式各样的文体，主要在于使消费者能够一直读下去或是看下去。随着时代的发展，移动互联网时代下的广告正文突出体现了短小精练、吸引消费者目光、吸引流量等特点。

3．广告附文

广告附文就是在广告正文结束后，在文末增加的企业名称、地址、电话、付款方式等附加性文字，是对正文的有效补充，有时也被称为随文、尾文。

广告附文是广告文案必须具备的构成要素，一般内容无须创新，只需按真实情况撰写即可，但可以在字体、位置、颜色上进行创新以吸引消费者注意。

4. 广告口号

广告口号又称广告标语、广告语等，是为了加强诉求对象对企业、产品或服务的印象而在广告中长期、反复使用的简短口号性语句。广告口号常见的形式有联想式、比喻式、许诺式、推理式、赞扬式、命令式。撰写广告口号要符合其简洁明了、语言明确、独创有趣、便于记忆、易读上口的特点。

在撰写广告口号时，需要注意广告口号与广告标题的区别。广告标题是一次性的，目的在于吸引消费者继续阅读正文，不可脱离广告正文而存在。但广告口号一经确定就会长期使用，目的在于让消费者记住，以加强消费者对品牌的认知，可以在广告文案中单独存在。

（二）非语言手段

1. 有声非语言

有声非语言指音响，它烘托、渲染、强化了广告表现，是电子媒体广告不可缺少的部分。

2. 无声非语言（图片/画面）

无声非语言分为姿态语言和物体语言两部分。姿态语言也称行动语言或体态语言，它基本上不发出声音，如消费者可以从广告作品中人的面部表情、四肢姿态、躯干动作及全身姿势来接受有关广告信息。物体语言是指广告作品中出现的具有广告含义的构图、色彩及其他一些有形实体。

> **实操训练 5-24**
>
> 谈谈有声语言和无声语言哪个更具有吸引力，为什么？在进行广告表现时，如何对不太吸引人的那一部分语言进行改进？

> **实操训练 5-25**
>
> 通过网络或是其他方式搜索大卫·奥格威创作的广告，并对广告的文案进行分析，明确说出该文案的 4 个组成部分、采用的表达形式或是修辞手法。

> **实操训练 5-26**
>
> 寻找一个广告案例，并用相关理论进行非语言广告表现的分析。

5.3.3 广告表现的策略

广告表现策略是指用语言和非语言手段把广告创意反映在广告作品中的方式。通常认为的广告表现策略有 3 种：理性广告表现策略、感性广告表现策略、情理交融的广告表现策略。

（一）理性广告表现策略

理性广告表现策略指的是将广告诉求定位于消费者的理智动机，通过真实、准确、公正地传达企业、产品、服务的客观情况，使消费者经过概念、判断、推理等思维过程，理智地做出决定。图 5-13 所示为某汽车品牌的广告文案：小车的省油+MPV（Multi-Purpose Vehicle，多功能汽车）的空间+SUV（Sport+Utility Vehicle，运动型多功能汽车）的自由。

图 5-13　某汽车品牌广告

1. 理性广告表现策略的要求

（1）提供购买理由。

（2）拟定说服重点。

（3）论据比论点论证更重要。

2. 理性广告表现策略的种类

（1）哲理性诉求

用一种简明的形象或文案将一个富有深刻思想的哲理或道理展现给消费者。

如图 5-14，邦迪广告通过人生中的一些场景来说明受伤、痛苦是成长中不可避免的事情，邦迪则可以帮助我们修复外在的一些伤口和痛苦，就像我们往往需要一些外在的感情去平复一些心理的伤口和疼痛。

图 5-14　邦迪广告

（2）劝诱

改变人们的观念，使之采取的行动有利于产品的销售。

如图5-15，某保险公司广告文案为"定制布料可以少用几米，定制保险可以少花点米"，该广告通过文案和图形的创意，劝导人们定制保险以节省费用。

图 5-15　某保险公司广告

（3）警示

通过震撼性的画面或文字，让人们的心灵得到冲击，从而避免做某事。

如图5-16，该广告通过用烟头拼接出人的肺部形状，以此表现吸烟对身体的危害，起到警示的作用。

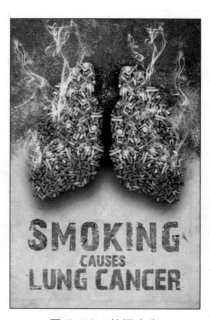

图 5-16　禁烟广告

（4）对比

对比的表现手法包括两层含义，一是产品自身效果的对比，二是产品与竞争对手的对比。

如图 5-17，某品牌脱毛膏的广告，用毛桃和油桃来比喻人们在使用脱毛膏前后状态的变化，形象地表现出脱毛膏的功能。

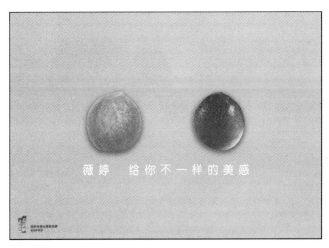

图 5-17　某品牌脱毛膏广告

（5）类比

用本产品与功能类似或有相似意味的产品进行对比。

如图 5-18，汽车的凹轮轴是汽车引擎的重要组成部分，该创意通过将凹轮轴类比为创可贴，意在表达丰田汽车的凹轮轴对引擎或汽车具有保护功能。

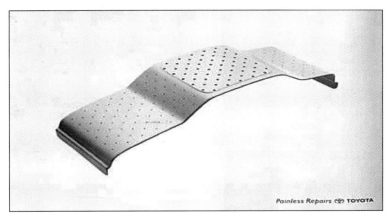

图 5-18　丰田汽车广告

（二）感性广告表现策略

感性广告表现策略是指依靠图像、音乐、文字等引导消费者的情绪，使其产生购买欲望。

如图 5-19，麦当劳的品牌形象广告《爱，在一起》，以一个十分爱家却不常在家的爸爸的视角，讲述他在一次回家后对家庭、对家人感到陌生的种种遭遇，最后终于通过努力打破尴尬，在麦当劳共享欢乐时光的故事。在这个广告创意中，麦当劳选定小家庭作为目标消费者，以感性诉求为策略，清晰地表达出麦当劳与家庭之间的联系，也说中了很多工作繁忙的父母的心声，在创意中直接地表现了目标消费者最关心的利益点——"爱"。

图 5-19 麦当劳品牌形象广告

虽然感性广告表现策略容易引人注目，但使用时需注意，如果牵强、做作则可能会让消费者反感。感性广告表现策略的手法主要来源于日常生活中最易激发人们不同情感的生活细节。具体可分为以下几种。

（1）生活片段型

这是指模拟某一真实生活中的场面，如家人闲谈或使用产品的情景，来表现产品给消费者带来的好处。例如，德芙电视广告片《再见，摩天轮》，就利用两名演员对话的场面，说出了那句大家耳熟能详的广告语："巧克力变巧克力之前，都是苦的。"

（2）歌曲型

这就是指利用广告歌曲的形式传达广告主题。如"步步高"电器的电视广告"付出总有回报，说到不如做到，要做就做最好"等，就使用了广告歌曲的手法。

歌曲型广告主要以歌曲为核心来表现广告主题，很容易引起消费者情绪和情感上的共鸣。优秀的广告歌曲不仅能引发消费者的好感，加深其对广告的印象，而且能变成品牌的标志，使人们一听到广告歌曲就能联想到这种品牌。

（3）演出型

该手法即将广告编成一个节目，以此增添娱乐性，从而获得消费者的注目。演出型广告由于其题材本身就具有表现的优势，因此能够带来改变品牌形象的效果。这一表现手法包括喜剧小品、动漫、音乐 MV 等类型。

（4）幽默型

该手法即用幽默的人物或情节表现广告内容，能使广告内容生动有趣、俏皮轻松，因而很受消费者的欢迎。

（5）亲近型

亲近型表现手法是指广告采用真实的情境、自然的语言和个性化的描绘，在内容和形式上创造贴近、亲近消费者的感觉，让消费者对广告产生共鸣，以增加消费者对广告的认同感和好感度，从而增强消费欲望。

（三）情理交融的广告表现策略

这是指在广告宣传中既给消费者讲"理"又同消费者谈"情"，即常说的"晓之以理，动之以情"，情理俱备。

实际上，纯粹的理性诉求或纯粹的感性诉求的广告所占的比例是相当少的，绝大多数广告表现都是情理交融的，所不同的是有的侧重于理，有的侧重于情。归类的时候，就把侧重于理的归为了理性诉求，把侧重于情的归为了情感诉求。

实操训练 5-27

试举出你所看过的演出型、幽默型、亲近型广告。

实操训练 5-28

理性诉求和感性诉求哪个在广告表现中更加具有吸引力？为什么？

实操训练 5-29

理性诉求和感性诉求表现更适用于哪些类型的广告？举例进行说明。

实操训练 5-30

假设娃哈哈产品要进入大学生市场，请根据大学生的特别及产品的特点进行广告创意，并将该广告创意用合适的手段表现出来。

单元 6

广告策划媒体选择

知识目标

熟悉媒体的类型、特征和收费标准。

技能目标

能提出可行的媒体组合传播方案。

素养目标

养成关注各类媒体广告的习惯，并记录和熟悉优秀媒体广告作品。

了解具有我国特色的广告媒体组合方式，并遵守每种广告媒体的传播法规要求。

6.1 广告策划媒体类型

6.1.1 广告策划媒体的概述

（一）广告媒体的概念

媒体又称媒介，英文为 Media，指任何能将信息传播给社会大众的工具。

广告媒体又称广告媒介，是指传递广告信息的物质载体，是广告主向广告对象传播其生产、经营、服务等信息的中介物质，如报纸、杂志、广播、电视、路牌、霓虹灯、网络、手机等。只有借助这些广告媒体，广告信息才能得以扩散、传播和发挥作用。

（二）广告媒体的类型

广告媒体的分类方式很多，可以按照功能、传播规模、影响范围、受众类型、传播时间、表现形式及可统计程度、传播内容等方式进行分类。下面主要介绍其中几种分类方式。

首先，按功能划分，广告媒体可以分为视觉媒体、听觉媒体和视听两用媒体。视觉媒体是通过图形、文字等视觉方式传播广告信息的媒体，常见的视觉媒体包括报纸、杂志、直邮、海报、传单、招贴、日历、户外、橱窗、实物、交通等；听觉媒体是让接受者通过听觉刺激而感知广告内容的媒体，最常见的听觉媒体就是广播媒体，包括无线电广播、有线广播，另外还有广播宣传车、录音、电话等；视听两用媒体是指同时具备视觉和听觉传播功能的媒体，最具有代表性的视听两用媒体就是电视，除此之外，电影、其他表演形式及部分网络和户外广告也属于视听两用媒体的范畴。

视听两用媒体因为传播的维度多，所以效果更好，同样的传播规模下，费用也比前两种媒体更高一些。

其次，按传播规模，广告媒体可以分为大众媒体和小众媒体。

大众媒体是指拥有大量受众、能大批复制传播内容、规模庞大的传播机构。大众媒体广告就是我们通常在各类公开性的媒体上所看到或听到的广告，是现代广告中最为普遍的传播形态，它能够同时影响数以万计的受众。常见的大众媒体包括报纸、杂志、广播、电视、互联网等。

小众媒体是指受众及诉求目标有限，通过小范围传播辐射，针对目标人群做出精准传播的媒体，如楼宇电视、户外小范围广告、售点广告、信函、传单、包装纸、橱窗等。

最后，按传播信息的时间长短，广告媒体可分为瞬时性媒体、短期性媒体和长期性媒体。

瞬时性媒体指的是保存性差、转瞬即逝的广告媒体。这类媒体因为保存性较差，单次投放很难给受众留下深刻的印象，所以在投放上需要达到一定的重复强度，如广播、电视、电影等。

短期性媒体如海报、橱窗、广告牌、报纸等，这类媒体可以在一段时间内保存广告信息，但是持续时间不长。

长期性媒体如杂志、产品说明书、产品包装、厂牌、商标等。长期性媒体对广告信息的保存性比较好。例如，我们可能会保留多年前订阅的杂志并且偶尔拿出来翻阅，但可能会很快处理掉几个月前的报纸，因为很少有人会去看已经过期了的报纸。

了解广告媒体的概念和分类，是我们在选择广告媒体时所做的第一步准备工作，这有助于我们大致地将广告投放计划有目的地分配在不同种类的媒体上，达到合力和互补的效果。接下来，我们将重点介绍不同广告媒体的特点。

实操训练 6-1

回忆一下你在 3 种不同的媒体平台上接触过的 3 个印象最深的广告，并谈谈为什么对这些广告印象深刻。

实操训练 6-2

你最近一次进电影院看的电影是什么？在片头看到了什么广告？思考一下，为什么这个广告会被投放在电影院？

实操训练 6-3

毕业后如果让你选择去代理某一个媒体的广告，你会选择什么媒体？为什么？

6.1.2 报纸广告媒体

（一）报纸媒体的概念

报纸是指以刊载新闻和时事评论为主、定期的、用印刷符号传递信息的连续出版物，是大众传播的重要载体，具有反映和引导社会舆论的功能，一般以散页形式出现。

（二）报纸媒体的发展和分类

报纸媒体是最早出现的大众媒体。世界上第一则名副其实的报纸广告，出自 1650 年英国的一份英文报纸《新闻周报》上，是一则悬赏寻马启事。中国现存最早有广告的报纸是 1872 年 4 月 30 日创刊于上海的《申报》。新中国最早的报纸广告是 1979 年 1 月 4 日（星期四）天津牙膏厂的"蓝天"高级牙膏广告。

在传统四大媒体中，报纸无疑是普及性最强和影响力最大的媒体。报纸广告几乎是伴随着报纸的创刊而诞生的。随着时代的发展，报纸的品种越来越多，内容越来越丰富，版式越来越灵活，印刷越来越精美，报纸广告的内容与形式也越来越多样化，所以报纸与读者的距离也越来越近了。报纸成为人们了解时事、接受信息的主要媒体。然而近年来，随着人们阅读习惯的改变，新媒体的不断发展，以报纸为代表的众多纸媒在传播上受到了巨大的冲击。

按发行范围，报纸可以分为全国性、区域性和地方性的。如《人民日报》就是全国范围内发行的报纸；《新安晚报》在全安徽省多个城市同步发行，属于区域性报纸；《大江晚报》主要在安徽省芜湖市内发行，是地方性的报纸。

一般来说，报纸的发行范围越大，受众就越多，广告的费用也就越高。但并不是发行范围越大的报纸就越适合进行广告推广活动，要具体情况具体分析选择。譬如地方性的广告宣传计划，如果投放在区域性或者全国性的报纸上，就可能效果不佳。

报纸按内容的不同可分为综合性和专业性的。一般日报、晚报、都市报等，内容全面繁杂，属于综合性的报纸，受众是较为宽泛的人群。刊登专业内容的报纸称为专业性报纸，如老人报、英语报、经济报等。综合性的报纸适合投放大众消费品的广告，如房地产、汽车、金融服务等的广告。专业性的报纸适合投放专业领域的广告，如电脑报可投放电脑产品的广告，老人报可投放针对老年人的产品的广告。专业性的报纸，相对来说发行量要比综合性的报纸小一些，但传播的针对性更强，受众更精准。

报纸按出版周期可分为日报、周报、旬报等。最为常见的是日报；每周出版一次的为周报，如每年发行 50 期的《经济观察报》；旬报是每 10 天出版一次的报纸，比较少见。

（三）报纸媒体的优点

（1）传递信息速度快。大多数报纸是日报，发行的速度很快。以一个城市的晚报为例，一般是在中午之前完成排版印刷，一个小时之内分发到全市各个网点，一下午的时间完成派送和销售，读者在当天浏览完报纸的内容。所以日报可以用来传播一些时效性较强的广告信息。但一般要在报纸上投放广告，需提前预定广告版面。

（2）受众面广、稳定。报纸的受众一般都是具有多年读报习惯的人群，中老年人及知识分子群体是阅读报纸的主力军，正在崛起的年轻一代已经逐渐没有了读报的习惯。

（3）可信度高。报纸上刊登的信息可信度一般比较高，消费者很愿意相信白底黑字的官方印刷品。

（4）版面多、容量大、编排灵活。现在发行的报纸，版面有越来越多的趋势，除了原有的既定内容外，还可以为广告主灵活安排各种形式的广告版面，甚至可以增加额外的广告版面。从报花、报眼广告到半通栏、通栏、半版、整版及跨版广告，形式多样、灵活。

（5）选择性强、便于保存、传播信息详尽。因为报纸的受众相对稳定，所以投放的广告恰好是面向报纸的主流读者群体时，传播的效果就会比较明显。也就是说，我们可以通过选择适当的报纸，选择最有针对性的广告受众。另外，报纸可以在一段时间内保存和查阅，适合刊登一些信息比较丰富的广告。

（6）费用相对较低。由于报纸发行量大、印刷成本相对较低，所以报纸广告的费用在各大广告媒体中相对来说较低。

（四）报纸媒体的缺点

（1）内容杂、注意率低。虽然报纸版面多、编排灵活，但是也造成了内容堆积，容易引起读者的视觉疲劳。尤其有些版面较小的广告，如分类信息和中缝广告，往往会被读者忽略，传播效果很有限。

（2）出版频繁、时效性受限制，重复阅读率低。对于大多数日报而言，一天就是一个传播周期。读者们往往愿意阅读当天的报纸，却对前一天或者更早的报纸兴味索然，并且阅读过一遍的报纸，很少有人会再去重新阅读。这也就意味着在大多数报纸上刊登的广告传播时效性受限制，要达到一定的传播强度则需要重复多次投放。

（3）色彩单调，视觉冲击力小。虽然现在的报纸很多都可以多套色彩色印刷，但相比起装帧精美的彩印杂志和其他纸质及视觉媒体，报纸的印刷特性决定了它的视觉效果相对较差，这也就限制了一些以视觉效果为创意卖点的广告在报纸上投放的效果。

（4）受众受一定限制，如是否有读报的习惯。前面说到，报纸的忠实受众以中老年人为主，所以很多针对中老年人的产品的广告主偏爱投放报纸广告。但是这些产品的受众可能还包括一些没有读报习惯的中老年人，这些群体报纸就无法完全覆盖，所以广告主还需要选择一些其他媒体进行补强才能达到更好的广告传播效果。

（五）报纸媒体的发展趋势

随着整个社会的信息量不断加大，受众对信息的需求量也不断提高，报纸的发展出现了以下几个明显的趋势。

（1）版面增加，内容不断丰富。我国经过几次报纸扩版热潮，部分报纸已经达到了几十乃至上百个版面。

（2）城市生活服务类报纸增加，内容几乎涵盖城市居民生活的各个方面和各种细节。

（3）由于网络媒体的高替代性，报纸的销量下降、读者数量减少，报纸的电子版得到广泛接受。

实操训练 6-4

某市的一份晚报，10年前的年广告版面收入为5000万元，而今每年的收入只有10年前的1/10，你觉得是什么原因导致了收入下降。

实操训练 6-5

如果有一个保险/证券/理财类的产品需要在报纸上投放广告，你会选择什么样的报纸？做多大版面的广告？为什么？

实操训练 6-6

看看自己身边，有没有热衷于购买在报纸上刊登广告的保健品、药品的家人、亲戚、朋友？为什么报纸能获得他们的信任、激起他们的购买欲望？

6.1.3 杂志广告媒体

（一）杂志媒体的概念

杂志和报纸一样，也是一种历史较长的大众媒体。杂志是一种定期发行的连续出版物，有固定刊名，以期、卷、号或年、月为序，介于书籍和报纸之间。它一般比报纸的出版周期长，不散装，其中包含各种内容。

（二）杂志媒体的发展和分类

杂志源于宣传小册子，是一种类似于报纸、注重时效的手册，兼顾了更加详尽的评论。在最初，杂志和报纸的形式差不多，极易混淆。后来，报纸逐渐趋向于刊载有时效性的新闻，杂志则专刊小说、游记和娱乐性文章，在内容的区别上越来越明显；在形式上，报纸的版面越来越大，采用对折的形式，而杂志则经装订，加封面，成了书的形式。此后，杂志和报纸在人们的观念中才具体地分开。

最早出版的一本杂志是于 1665 年 1 月在阿姆斯特丹由法国人萨罗出版的《学者杂志》。

早期的杂志出版业为了同文学保持密切关系而抵制广告，直到 19 世纪中期才开始逐渐有广告出现在杂志上。

随着时代的发展，传统的纸媒受到了巨大的冲击，越来越多的杂志媒体在寻求新的变革。过去人们习惯于在报刊亭购买或者在邮局订阅杂志，现在越来越多的读者开始尝试在一些电商购书平台购买或订阅杂志，还有很多杂志推出了电子版，提供在线非纸质阅读体验。

杂志的类型多种多样，有新闻杂志、财经杂志、家庭杂志、运动杂志、旅游休闲杂志、时尚杂志、音乐杂志、影视杂志等；按照发行地区，杂志可以分为国际性杂志、全国性杂志和地区性杂志；按照出版周期，杂志还可以分为周刊、半月刊、月刊、双月刊、季刊等，出版周期越短，内容的时效性就越强。

按照读者对象，杂志还可以分为一般性杂志和对象性杂志。一般性杂志指以不加区分的普通读者为对象的杂志；对象性杂志则指以具有某一共同特性的读者为对象的杂志，对象性杂志又包括一般对象性杂志和专业杂志两种类型。一般对象性杂志主要针对以性别或者年龄划分的读者，如妇女杂志、老年杂志、青少年杂志等；专业杂志针对以专业或者职业划分的特定读者，如企业家杂志、医疗杂志等。与一般性杂志相比，对象性杂志的读者群更稳定。

（三）杂志媒体的优点

（1）针对性强，选择性好，可信度高，并有一定的权威性。每种杂志都有自己的特定受众群，传播者可以面对明确的目标受众制定传播策略，做到"对症下药"。传播特性、受众特性决定了杂志是一种较为高效的广告媒介。

（2）杂志版面较小，印刷精美、表现力强，广告不容易受到其他广告的影响，适合对广告信息进行充分的说明和解释。由于选择性强，所以受众比较不容易像广播电视受众那样对突然出现的广告产生逆反心理。

（3）杂志的有效时间长，便于阅读和保存。从广告的持续性来看，杂志有较好的保存性，阅读有效时间较长，可重复阅读，传读率高，在相当一段时间内具有保留价值，因而在某种程度上扩大和深化了广告的传播效果。

（四）杂志媒体的缺点

（1）杂志的出版周期长，大都在一个月以上，所要求的准备时间也长，因而时效性强的广告信息不宜在杂志媒体上刊登。同时杂志的发行和频次有一定的局限性，广告购买前置时间长，并且有些发行量是无效的。

（2）杂志广告的效果不均衡。杂志无法像报纸和电视那样产生铺天盖地的宣传效果，且杂志不如广播、电视那么形象、生动、直观和口语化。

（五）杂志媒体的发展趋势

当前，杂志的种类和版面都有所增加，随着人们消费水平的提高和信息传播的发展，杂志的发展呈现出以下几个趋势。

（1）材质越来越精良，印刷越来越精美，出现了一大批全铜版纸彩色印刷的精品杂志。

（2）内容越来越细分，一般对象性杂志发展很快。

（3）生活时尚类杂志发展迅速，同时也培养出一大批稳定的读者。

（4）电子刊物风行，杂志内容进入互联网和手机平台。

 延伸阅读

为什么奢侈品牌热衷于做杂志广告？

很多顶级品牌非常热衷于在一些高端杂志上投放品牌或产品广告。这是因为，这

些品牌的传播很大程度上在于传达一种情感，而一些瞬间类的媒体如广播、电视，很难将这种情感有效地传达出来。相比而言，杂志的广告更容易实现这一点，因为杂志广告的效果一般都有 3 个月的滞后期，虽然从时效性这一层面而言这是一大弊端，但从另一方面来看，人们反而能够看到一个月、两个月前的杂志，并且可以慢慢翻看。如此，杂志广告持续发生作用的时间就变长了，广告主可以慢慢地让受众感受和体会自己想要传达的情感和品牌理念。高端杂志的目标人群是极其独特的，人群分类特别明显，这一点和顶级品牌的受众不谋而合。

实操训练 6-7

阅读一本时尚类杂志（纸质/电子版均可），记录下里面所有的广告产品，并分析它们属于什么行业。

实操训练 6-8

在"实操训练 6-7"中记录下来的广告主中任选一个，搜索一下其在其他广告媒体上投放的广告。对比一下其他媒体广告的文案和画面，与其投放在杂志上的广告有什么区别。

实操训练 6-9

随着纸媒的渐趋没落，杂志的阅读率走低是必然的趋势，你认为未来杂志的出路在哪里？如何能挽回其逐渐下降的广告市场份额？

6.1.4 广播广告媒体

（一）广播媒体的概念

广播是通过无线电波或导线定时向广大地区传播声音、图像节目的大众传播媒体。无线电广播发明于 1906 年，电台正式播出始于 1920 年。广播出现以来，一直是重要的广告媒体。虽然电视出现以后，广播受到了一定的冲击，但是由于其设备简单、传播速度快，仍旧拥有相当多的听众，并且由于其广告费用低廉，仍旧是重要的广告媒体之一。近年来，随着人们出行方式的变革，广播广告又焕发出了新的生命力。

（二）广播媒体的特点和分类

由于大众传播媒体的竞争、受众兴趣的分化，广播电视出现了专业化的趋势。专业电台在某一方面为受众提供专门服务，节目内容有特定的范围。目前的专业电台有新闻台、教育台、体育台、文艺台、音乐台、交通台、服务台等。专业电台播出特定内容的节目，受众兴趣相对固定，一般拥有稳定的受众。

按照传播方式，广播可以分为有线广播和无线广播。有线广播是通过导线或者光导纤维所组成的线传输分配网络，将广播节目信号直接传递给用户接收设备的区域性广播。无线广播是通过无线电波传送节目的广播形式。有线广播主要在农村和中小城镇使用，传播范围有限。目前用作广告媒体的广播主要是无线广播。

按照调制方式，广播可以分为调频广播和调幅广播。

按照使用的波长，广播可以分为长波广播、中波广播、短波广播、超短波广播等。

（三）广播媒体的优点

（1）广播是听觉媒体，利用声音符号，以有声语言为主要传播手段，诉诸的是人的听觉，这是广播最根本的特点。人的声音能说明事物、传达情感、声情并茂、真实可信。广播还可以使用音乐和音响增加节目的现场感，使之有立体感、空间感和情境性，从而具有较强的感染力。

（2）传播速度快，时效性强。广播的内容利用电波传播，播出声音与听众听到声音几乎是同步的，制作、传输、接收简单，时效性居于各种大众传播媒体之首。我们可以发现，一般人们在打车遗忘物品时，最常见的寻回方式就是奔往广播电台发布寻物启事。这一是因为出租车司机是忠实且稳定的广播收听群体，二是因为广播的反应及传播速度极快，只要播音员打开话筒，将信息播送出去，即可马上完成传播，比其他所有传统媒体的制作和传播速度都要快。

（3）广播的传播范围广。电波的传送不受空间距离、地理环境、天气、交通、自然灾害等因素的限制，所以传播范围比印刷媒体更广。广播的收听不受时间、空间、受众文化程度的限制；广播接收设备轻便廉价，可以随身携带，便于随时随地收听。

（4）广播节目制作灵活，方便。在众多媒体中，广播媒体的广告制作相对来说难度较低、流程较少。广播的声音素材由人声、音乐和音效3部分构成，加以简单的剪辑，在很短的时间内就能完成广播广告的制作，这一点也比其他的几个传统媒体更加灵活。

（四）广播媒体的缺点

（1）广播媒体播出信息的保存性差。广播作为瞬间类媒体，声音转瞬即逝，不留痕迹，复杂内容往往不容易理解。例如，房地产广告投放在广播中，听众就很难记住短时间内播报的大量信息，如地址、电话号码等。

（2）广播播出内容的受众选择性差。由于只要拥有收音机就可收听许多电台的广播，而收音机的拥有量又非常大，所以广播受众实际上处于广泛、分散、不可控制的状态。

实操训练 6-10

打开收音机或者下载一个广播播放类的 App，试听半小时任意电台广播节目，记录下其中插播的广告数量及产品名称。分析在广播媒体中投放广告的广告主属于什么行业。

实操训练 6-11

调查身边 5 个有私家车的亲戚、朋友、老师等，记录他们平时驾车时收听广播的习惯，调查他们最喜欢收听的广播电台/节目，以及最常收听广播的时间段。

6.1.5 电视广告媒体

（一）电视媒体的概念

电视媒体是指以电视为宣传载体，进行信息的传播的媒介或是平台。电视是一种影响力很大的广告媒体，有"爆炸性媒体"之称，信息量极大，信息内容很广。

（二）电视媒体的特点

由于电视广告的信息比较全面，视、听信息均具备，适合向受众传播任何形式的广告。在介绍商品的功能、特点及树立企业的形象等方面，电视广告的效果俱佳。电视广告还可以编排出不同的情节来吸引受众。但电视广告一般费用很高，对中小企业来说难以承受。

（三）电视媒体的优点

（1）电视具有传播迅速、影响范围广的特点。电视信号和广播信号一样，传播迅速，全世界可同步播出，可以说是最具有代表性的大众媒体之一。

（2）电视是视听两用媒体，视听或形声兼备，感染力强。电视的表现效果，强于报纸、杂志和广播这三大传统媒体。

（3）传播覆盖面广，互动性强。电视信号覆盖范围较广，基本上家家户户都有电视。观众不受文化层次限制，老少皆宜，并且可通过各种方式参与到节目互动中去。现在很流行的"电视购物"就是一种电视广告和实时销售相结合的营销方式，互动性极强，传播效果很好。

（四）电视媒体的缺点

电视和广播一样，也是瞬间类媒体，保留性差。所以一般在电视上投放的广告，需要反复多次高强度地投放，才能给受众留下深刻的印象。并且电视媒体由于受众分散而不固定，针对性不强，选择性较差，有些广告投放接触到不感兴趣的人群，容易引起反感，造成反效果。另外，电视的设备、制作、租赁等费用都比较高，所以广告费也非常高，一般小企业很难承受。很多在电视上投放广告的广告主，其年度预算少则千万，多则上亿。

> **实操训练 6-12**
>
> 收看 CCTV-1《新闻联播》后播出的 10 个广告，记录并分析广告主的产品和行业，思考其为什么选择 CCTV-1 的黄金时间投放广告。

> **实操训练 6-13**
>
> 收看湖南卫视的 10 个广告，记录并分析广告主的产品和行业，思考其为什么选择湖南卫视在该时间段投放广告。

6.1.6 户外媒体

（一）户外媒体的概念

户外媒体，传统认为是设置在户外的一些媒体表现形式，但这个概念是狭义且不准确的。随着广告业的繁荣发展，户外媒体应该有更准确的定义：是存在于公共空间的一种传播介质。户外媒体的种类很多，常见的包括路牌、海报、灯箱、霓虹灯、建筑物、公共交通、气球、橱窗、LED 大屏等。

界定户外媒体有两方面的考虑要素，一是从空间上判断，二是判断是否有特定的传播人群，而不局限于是否一定是位于户外。例如，餐厅内、楼宇内的一些新的媒体形式，均属于户外媒体范畴。

（二）户外媒体的特点

户外媒体的优点包括以下几点。

（1）到达率高。通过策略性的媒介安排和分布，户外广告能创造出理想的到达率。调查显示，户外媒体的到达率目前仅次于电视，位居第二。

由于受众对户外媒体的关注度逐渐增加，很多客户越来越偏好使用户外媒体，而户外媒体的关注度呈逐年提高趋势。

（2）主题鲜明，形象突出，视觉冲击力强。在公共场所树立巨型广告牌这一方式历经多年的实践，表明其在传递信息、扩大影响方面的有效性。一块设立在黄金地段的巨型广告牌是任何想建立持久品牌形象的公司的必争之物。很多知名的户外广告牌，或许因为其醒目和突出的特点，成为一个地区的远近闻名标志。

（3）传播不受时间、空间限制，发布时段长。许多户外媒体是持久地、全天候发布的。它们每天 24 小时、每周 7 天地伫立在那儿，这一特点令其更容易为受众见到。

户外媒体的不足之处在于其宣传区域小，不适合承载复杂信息，传递时间短，信息更新相对滞后及广告发布不规范等。这些缺陷很大程度上能依靠广告人独特的创意和新材料与技术的运用得以弥补，并且我国的户外广告管理机制也在不断走向规范。

实操训练 6-14

在你生活城市的户外空间寻找并拍摄 5 个户外广告的实例，并分析其投放地的目标受众是什么人群。

实操训练 6-15

如果要针对在校大学生进行一系列的户外广告投放，你认为该投放在什么类型的户外媒体上？

实操训练 6-16

如果要针对 CBD 商圈写字楼的职场人进行一系列的户外广告投放，你认为该投放在什么类型的户外媒体上？

6.1.7 直邮媒体

（一）直邮媒体的概念

直邮广告是指直接邮寄宣传品等对受众进行传播的一种方法。其目标对象明确，并且广告主能够针对邮寄的对象制定特定的宣传内容，增强了直邮广告的诉求力。直邮广告的形式包括产品目录、通告函、说明书、价格表、企业介绍等。

因为直邮广告的设计表现自由度高、运用范围广，所以其表现形式也呈现了多样化，常见类型包括传单、本册和卡片。

直邮广告的派发形式包括邮寄、夹报、上门投递、街头派发、店内派发等。

（二）直邮媒体的特点

直邮广告具有对象明确、途径直接、针对性强、信息反馈快、效果明显及形式灵活、制作简便、费用低廉等优点。但是由于我国的直邮广告起步较晚、管理较为混乱，无论是邮递的体系还是直邮广告从业人员的营销和策划素质都有待提升，所以存在着直邮广告吸引力有限、阅读率不高的缺点。同时，相比于传统的报纸和杂志，直邮广告的民间身份使受众对它的信任度不高。

> **实操训练 6-17**
>
> 某居民社区附近的一家大型超市即将开业举办优惠活动，超市想通过直邮方式进行活动宣传，请你为它设计一个直邮广告的投放方案，以便在尽可能短的时间内将优惠消息传播给社区内尽可能多的居民，获得尽可能好的传播效果。

> **实操训练 6-18**
>
> 想象你是一家母婴用品店的店主，你打算通过直邮的方式向目标受众传递广告信息，你该如何做呢？

6.1.8 网络媒体

（一）网络媒体的概念

网络媒体是指运用互联网及多媒体技术传播信息的媒介技术。互联网被称为继报纸、广播、电视三大传统媒体之后的"第四媒体"。基于互联网的网络媒体集三大传统媒体的诸多优势于一体，是跨媒体的数字化媒体。网络媒体信息传播除具有三大传统媒体的共性特点之外，还具有鲜明的个性特点。

（二）网络媒体的特点

（1）覆盖面广、信息量大、保留时间长。传统媒体中的小众媒体，往往难以跨越地区，只能对某一特定地区产生影响。但任何信息一旦进入互联网，分布在近 200 个国家的近 2 亿互联网用户都可以在他们的计算机上看到。从这个意义上讲，互联网是最具有全球影响力的高科技媒体。影像、动画、声音、文字、图片……各行各业海量繁杂的信息都可以在互联网平台进行发布，用户只需轻轻单击鼠标或者点击屏幕，即可获得自己所需要的信息。报纸广告只能保留一天，广播、电视广告甚至只保留几十秒、几秒，而互联网上发布的商业信息则可以以月或年为单位保留。一旦信息进入互联网，这些信息就可以一天 24 小时、一年 365 天不间断地展现在网上，以供人们随时随地查询。

（2）交互性沟通性强、针对性明确。交互性是网络媒体最大的优势，它不同于电视、广播的信息单向传播，是信息互动传播。用户可以获取他们认为有用的信息，厂商也可以随时得到宝贵的用户反馈信息。以往用户对于传统媒体的广告，大多是被动接受，不易产生效果。但在互联网上，大多数访问网站的人都是怀有兴趣和目的的，成交的可能性极高。

（3）费用低廉、数量统计精确。电台、电视台的广告虽然以秒计算，但费用也动辄成千上万，报刊广告也价格不菲，超出多数单位和个人的承受力。而网络广告制作费用低，大多数单位、个人都可以承受。网络广告后台可以清晰地记录用户的访问频次、停留时长、用户来源等信息，数量统计非常精准，便于分析广告投放的效果。

（4）形式多样、发展迅猛。网络广告的形式多种多样，主要包括网幅广告、链接广告、邮件广告、漂浮广告和特殊广告等形式。随着技术的发展，越来越多的网络广告形式和技术涌现出来，发展势头迅猛。

■■实操训练 6-19

现在有一款新的能源汽车即将上市销售，广告主拟在网络媒体上投入一定的预算。请你为广告主设计一个网络广告投放方案（什么广告形式、投放在什么样的网络媒体上）。

■■实操训练 6-20

你开了一家淘宝土特产商店，但是新店没有什么销量和人气，请你构思一下如何用尽可能低的预算进行网络媒体广告推广。

6.1.9　新媒体

（一）新媒体的概念

新媒体是相对于传统媒体而言的，是一个不断变化的概念。只要媒体的基本构成要素有别于传统媒体，就能称作新媒体。

新媒体的类型大致可以分为以下几种。

第 1 类是户外新媒体，包括户外视频、户外投影、户外触摸、楼宇液晶等。

第 2 类是移动新媒体，包括移动电视、车载电视、地铁电视等。

第 3 类是手机新媒体，包括微博、微信公众号、App 等。

新媒体广告并不局限于某种固定的媒体，而是不断涌现的各种传播媒介的创新变革。随着技术的更新换代及人们的阅读习惯、消费习惯的改变和升级，传统媒体的市场份额被逐渐瓜分，越来越多的新媒体加入竞争中并分得一杯羹。

（二）新媒体广告的特点

和传统媒体广告相比，新媒体广告具有分众、隐蔽、高科、互动和精准等特点。

分众是相对于聚众而言的。新媒体不再像传统媒体一样，集中性地向一大群人传播相同的广告信息，而是采用"各个击破"的分众方式，瞄准未被占据的受众的碎片时间和注意力，分批次地、隐蔽地向不同的人群传播广告信息。这就对新媒体技术提出了比较高的要求，要求媒体的运营者能够较为精准地识别出不同人群的信息接收习惯及偏好，设计出最适合他们的传播模式，从而达到高效传播的目的。

随着大数据时代的不断发展，广告行业面临诸多发展机遇与挑战，受众在广告的选择、接收过程中，互动程度更高，自主意识更强，个性化需求越加明显；广告的生产流程被大数据技术颠覆。场景式广告与虚拟现实、云计算、大数据等技术相结合，呈现出新的发展业态。广告传播界限被打破，各类媒介趋向融合，传播内容更加智能。

（三）新旧媒体的整合营销传播

新媒体和传统媒体各有优势，单一的新媒体广告投放往往难以满足广告主的多元营销传播需求。广告主在进行广告投放活动时，往往需要考虑整合利用传统媒体和新媒体的各自特性，构建完整的营销体系，进行全方位立体式营销传播。传统媒体的聚众性、大众性等特点，有助于品牌在传播活动中扩大知名度、覆盖更广泛的人群，有利于实施长期的品牌传播计划。而新媒体的分众性、隐蔽性，以及大数据精准定位等特点，有利于品牌集中于某一个短期传播目标，利用良好的策划和创意在短时间内实现病毒裂变式传播。通过社交媒体平台"种草"、通过购物媒体平台传播产品的详细信息、通过短视频与直播媒体平台加强与受众的互动及促进成交，新媒体就能有效地与传统媒体形成互补的合力。

📚 **素养园地**

全国广播电视行业 2021 年总收入突破 1 万亿元　新媒体广告收入快速增长

国家广播电视总局发布《2021 年全国广播电视行业统计公报》（以下简称《公报》）。《公报》数据显示，2021 年，全国广播电视行业深入贯彻新发展理念，总收入为 11488.81 亿元，首次突破 1 万亿元，同比增长 24.68%。其中，广播电视和网络视听业务实际创收收入为 9673.11 亿元，同比增长 25.43%；财政补助收入为 968.76 亿元，与去年基本持平；其他收入为 846.94 亿元，同比增长 58.45%。

《公报》显示，传统广播电视广告收入保持稳定，而广播电视和网络视听机构通过互联网取得的新媒体广告收入快速增长。广告收入为 3079.42 亿元，同比增长 58.73%。其中：传统广播电视广告收入为 786.46 亿元，同比下降 0.40%；广播电视和网络视听机构通过互联网取得的新媒体广告收入为 2001.46 亿元，同比增长 124.89%；广播电视和网络视听机构通过竞价排名、报刊广告、楼宇广告、户外广告、品牌推广等取得的其他广告收入为 291.50 亿元，同比增长 11.89%。

有线电视网络业务收入小幅下降。有线电视网络收入为 734.56 亿元，同比下降

2.96%。其中，收视维护费、付费数字电视、落地费等传统有线电视网络业务收入为487.60亿元，同比下降6.34%。

传统广播电视节目销售收入略有增长，电视购物频道收入下滑明显。传统广播电视节目销售收入为438.24亿元，同比增长6.42%；电视购物频道收入为115.61亿元，同比下降14.66%；付费数字电视内容与播控收入为23.40亿元；节目制作相关服务收入为271.82亿元；技术服务、演出等其他创收收入为1224.66亿元，同比增长2.71%。

《公报》显示，农村节目制作播出时间保持稳定。2021年，全国制作农村广播节目时间为141.56万小时，同比增长1.84%，占制作广播节目时间的17.42%；播出时间为457.70万小时，同比下降0.34%，占播出公共广播节目时间的28.80%。制作农村电视节目时间为69.03万小时，同比下降3.29%，占制作电视节目时间的22.56%；播出时间为438.36万小时，同比下降3.02%，占播出公共电视节目时间的21.77%。《温暖的味道》《江山如此多娇》《经山历海》等农村题材节目闪耀荧屏，描绘了党领导全国人民全面奔向小康社会的奋斗历程。

《公报》显示，广播电视重点惠民工程持续推进，广播电视节目综合人口覆盖率稳步提高。截至2021年底，全国广播节目综合人口覆盖率为99.48%，电视节目综合人口覆盖率为99.66%，分别比2020年提高了0.10和0.07个百分点。农村广播节目综合人口覆盖率为99.26%，农村电视节目综合人口覆盖率为99.52%，分别比2020年提高了0.09和0.07个百分点。农村有线广播电视实际用户数为0.67亿户，在有线网络未覆盖的农村地区，直播卫星用户为1.48亿户，同比增长0.68%，农村广播电视网络基础设施持续改善。

随着"智慧广电"工程的深入实施，高新视频生产、广电5G建设等加快转型升级。截至2021年底，全国高清电视频道有985个，4K超高清电视频道有8个，8K超高清电视频道有1个，中央广播电视总台和25家省级电视频道基本实现高清化。新闻资讯类、专题服务类、综艺益智类电视节目高清和超高清制作比例分别达到62.3%、55.7%和59.4%。有线电视网络整合与广电5G建设一体化加快发展，全国有线电视实际用户数为2.04亿户，同比下降1.45%；高清和超高清用户数为1.09亿户，同比增长7.92%；智能终端用户数为3325万户，同比增长11.39%。有线电视双向数字实际用户数为9701万户，同比增长1.57%；高清和超高清视频点播用户数为3992万户，占点播用户总数的比例达95.3%。

（资料来源：人民网，2022年04月25日，有删改）

实操训练6-21

总结一下你的手机生活，每天你浏览最多的手机信息来自哪些界面和应用，有哪些新媒体广告正在大量进入你的视线？

在 3G 时代进入 4G 时代的时候，有人曾预测：4G 即将改变新闻媒体的传播方式，使媒体的实时直播变得更为普及。而事实上，4G 时代带来的变革是人人都可以变成主播和自媒体，可以实时传播信息。5G 技术普及之后，又会出现什么样的媒体变革，带来什么样的媒体发展机遇呢？

6.2 广告策划媒体的选择

了解广告媒体的概念、类型及常见的广告媒体的特点之后，接下来需要解决的问题是，该如何选择恰当的广告媒体投放广告呢？广告主的广告预算是有限的，而可供使用的广告媒体却是非常多的，需要有一定的方法筛选出更加合适的投放媒体。

关于广告媒体的选择，既要考虑媒体的媒介量，又要考虑到媒体的媒介质。

6.2.1 广告策划媒体选择的媒介量指标

（一）媒体效果测评的相对指标

媒体效果测评的相对指标有覆盖率、到达率、毛评点、千人广告成本、有效到达率等。这些指标都是通过两个指标比对得到的，可反映媒体现象的性质和数量特征。

1. 覆盖率

覆盖率是指媒体或某一媒体的特定节目在某一特定时间内能到达的观众人数占总视听人数的百分比。

以电视媒体为例，电视覆盖率指在特定区域内，能够接收到某电视信号（如某频道、某电视台）的家庭或人口数量占该区域总家庭或总人口数量的比例。电视覆盖率反映电视信号的覆盖范围，即有多少人/家庭能够看到这个频道，不涉及观众是否实际观看。例如，某地区总人口 100 万，其中 75 万人口能接收到 A 频道的信号，则 A 频道在该地区的覆盖率为 75%。

2. 到达率

到达率是指特定对象在一定的时期内（通常是 4 周），看到某一广告的非重复性人口数占总人数的百分比。它是反映广告媒体可用性的重要指标，用来衡量在一定时期内，目标观众当中有多大比例会看到、读到或听到所传播的广告信息。

例如，在一个广告排期内有某广告不断地播放，一天播放两次、三次、四次……在 A 节目播，在 B 节目播，在 C 节目也播……所有看过这个广告的人，无论其收听收看到这个广告总次数有多少，只计算一次。

其计算方法为：广告到达率=一定时期内接触到广告的人数/传播范围内的总人数×100%。

计算到达率时，一位观众不论暴露于特定广告信息多少次，都只能计算一次。到达率适用于一切广告媒体，唯一不同之处是表示到达率的时间周期长短各异。一般而言，电视、广播媒体到达率的周期是4周，这是由于收集、整理电视、广播媒体有关资料要花费4周时间；杂志、报纸的到达率通常以某一特定发行期经过全部读者的寿命期间为计算标准。

3. 毛评点

毛评点（Gross Rating Points，GRP），又称"毛感点""总视听率"，是一个较为特殊的相对数，指的是某一媒体在一定时期内覆盖率的总和，是某一特定媒体在一定时期内的总强度指标。

毛评点的作用是衡量传播费用的回报。简单地说，两个广告主，一个用10000元买到100毛评点，而另一个买到了110毛评点，买到110的那个就更划算。

计算方法为：毛评点=覆盖率×接触频次。

对毛评点概念的理解需注意两点：一是毛评点中包含了重复，如某广告有的人可能看了一次，有的人可能看了两次或多次，毛评点都会把次数计算进去；二是毛评点可能超过100%。

4. 千人广告成本

千人广告成本是一种媒体或媒体排期表送达1000人或"家庭"的成本计算单位。它可以用于计算任何媒体、任何人口统计群体及任何总成本，能够便利地说明一种媒体与另一种媒体、一个媒体排期表与另一媒体排期表相对的成本差异。

计算的公式是千人广告成本=（广告费用/到达人数）×1000，其中广告费用/到达人数通常以百分比的形式表示，在估算这个百分比时通常要考虑其广告投入是全国性的还是地域性的，这两者有较大的差别。

例如，南京某晚报媒体发行量是50万份，通栏广告价格为10400元，实际执行价为5020元，传阅率为100万人，那么它的每千人成本=5020/1000000×1000=5.02元。

有必要说明的是，之前所提到的相对指标概念有一个共同的问题：只讨论了到达、暴露，却忽视了这种到达是否真正有效地将广告信息传达给了受众群体。例如，在一个大学门口竖起一个巨型广告牌，该大学有5000名在校师生，平均每天有2500人进出校门。那么在计算广告到达时，这2500名师生都被计算了进去。但事实上，可能有500人经过该广告牌时，并没有抬头看上面的内容，也就没有获得到广告信息的传播。因此，在研究广告媒体的传播效果时，还有一个有代表性的相对指标概念——有效到达率。

5. 有效到达率

有效到达率是指在特定的暴露频次范围内，有多少目标受众知道所传播的信息并了解其内容。

在上述案例中，以天为统计时期，那么每天的广告到达率为 2500/5000×100%=50%，而有效到达率则为 2000/5000×100%=40%。

可以看出，有效到达率是广告主更为关心的数据，这关系到广告内容是否真正地被受众获取到。

也可以进一步在有效到达率的基础上计算精读率等指标，来评判受众对于广告信息的理解接收程度。

（二）媒体效果测评的总量指标

媒体效果测评的总量指标是表明媒介的总规模和总水平的指标，其表现形式为绝对数指标，包括该媒体覆盖地区的总人数、媒体受众、视听众暴露度、发行数量、媒介费用总额等指标。这些指标分别用总人数、总户数、总份数、费用总额等表示媒介影响力的广度和范围，媒介传播达成的总规模、总水平等。总量指标越大，媒介效果越好。

视听众暴露度是指某一特定时期内收听、收看某一媒体或某一特定广告的人数总和。

其计算方法为：视听众暴露度=视听众总数×覆盖率×刊播次数。

因为覆盖率×刊播次数=毛评点，所以又可以写为：视听众暴露度=视听众总数×毛评点。

例如，某地区总的电视收视人数为 100 万人，某电视节目的收视率为 10%，在该节目中累计插播了 3 次某广告，那么该广告的毛评点为 10%×3=30%。视听众暴露度=100 万×30%=30 万。也就是说，在一次节目时间内，该广告获得了累计 30 万人次的视听众暴露。

对于纳入媒体计划中的每一种媒体，策划人员都必须测量其媒介量的效益如何，也就是哪种媒体可以用最低的成本到达最多的目标受众，再根据广告主的预算和广告投放周期等，选择适当的广告媒体进行广告投放。

实操训练 6-23

2010 年青岛啤酒的一份广告投放计划中显示，在当年的上半年，企业拟在山东省内进行一系列的新产品广告投放。重点投放的广告媒体选择的是山东广播电视台齐鲁频道（下简称"齐鲁频道"）和山东卫视。其中，齐鲁频道的广告投放预算为 4966836 元，半年内累计投放 864 次，预计 GRP 为 3986.28；山东卫视的广告投放预算为 1083456

元，半年内累计投放 176 次，预计 GRP 为 588.72。请计算这两个电视台在半年内广告投放的平均覆盖率，并比较效果高低。

实操训练 6-24

结合"实操训练 6-23"的数据，山东省的居民总数为 1 亿左右，这两个电视台都实现了全省覆盖，假设覆盖的收视人口有 8000 万人，请计算这两个电视台在半年广告传播期内的千人广告成本。

实操训练 6-25

山东卫视是全国上星电视台，全国都能收看到，而齐鲁频道只在山东省内能够收看到。结合"实操训练 6-23"和"实操训练 6-24"的计算结果，解释为什么青岛啤酒选择投放更多的份额在齐鲁频道，而不是山东卫视？

6.2.2 广告策划媒体选择的媒介质选择策略

（一）媒体目标策略

媒体目标是根据营销目标所赋予的传播任务，是媒体宣传必须达成的目标，因此制定媒体目标时一定要从本次广告活动的营销目的出发。根据不同的媒体目标，选择不同的广告传播媒体，才能达到预期的传播效果。媒体目标要确定的问题包括到达哪些目标受众？到达哪些地理范围？达到多大的传播力度？针对目标受众的广告总量有多大？简而言之，媒体目标就是确定向谁发布广告、在哪发布广告，以及发布多少的问题。

1. 选择能够到达目标受众的媒体

第一，锁定重度消费者。重度消费者是指对于某种产品消费频次和消费量较高的消费者人群。这类人群购买金额和复购率高，属于品牌和产品的忠实消费者，对于广告也更容易做出反应。在制订广告投放计划时，首要考虑的目标受众就是品牌和产品的重度消费者。如果能够通过广告投放接触到重度消费者，获得他们的反馈支持，广告传播计划就成功了大半。

第二，分析重度消费者的媒体接触习惯。当媒体目标明确了自己的目标受众之后，就需要分析这些重度消费者生活中的媒体接触情况。例如，他们都会收看或者阅读哪些电视节目或杂志？每日的生活轨迹中，比较固定地暴露在哪些媒介面前，是地铁、电梯还是超市，抑或是新兴的新媒体？策划人员需要筛选出目标受众接触最多的媒体，作为投放广告的备选媒体。

2. 确定媒体发布的地理范围

广告传播计划应配合市场营销计划，确定其投放的地理范围。如果是全国销售的产品的广告，可以考虑投放在全国性的媒体上；针对重点销售区域，可以在区域性或地方性的媒体上进行广告投放补强。如果是区域性或地方性销售的产品的广告，则更应该投放在相应地理范围的广告媒体上，如投放在更大区域的媒体上，可能会造成广告费的浪费。

3. 根据广告发布总量和预算选择适合的媒体

在制订广告传播计划之前，广告主会有预期的传播目标——到达多少人群，实现多少传播总量和强度，完成多少预期的效果。根据目标，广告主企业会制定相应的广告预算额度。广告策划人员需要根据广告主的传播量需求、预算金额的高低，在不同的媒体间进行组合分配，以期达到最好的传播效果。

（二）媒体排期策略

选择好适当的媒体之后，策划人员就要决定每个媒体购买多少时间或广告单元，然后安排在受众最有可能购买的时期发布广告。

媒体排期的主要形式有 3 种：连续式排期、起伏式排期和脉冲式排期。

1. 连续式排期

连续式排期是指在广告活动的每一阶段都投入大约相等数量的媒体预算的排期方式。例如，一个广告活动分成 4 个阶段，在每一个阶段都平均投入媒体预算的 25%。

连续式排期的优点是能够让广告持续出现在受众面前，不断地累积广告效果，提高品牌知名度，防止广告记忆下滑，持续刺激消费动机；缺点是在预算不足的情况下，采取持续性的投放可能造成冲击力不足，竞争品牌容易采用加大投放量的方式切入攻击，无法随品牌的季节性需要而调整投放。

这种排期方式适用于竞争较缓和、购买周期较长及季节性不明显的产品广告投放。

2. 起伏式排期

起伏式排期是指在广告投放计划中，有广告期和无广告期交替出现。在一段时间内大量投放广告，然后在一段时间内停止投放广告，又在下一段时间内大量投放广告。

起伏式排期的优点是灵活性强，能够根据竞争需要调整最有利的投放时机，可以利用高度重复投放的方式提高传播效果，可以集中火力获得较高的有效到达率，且集中大批量地投放广告可以得到折扣。缺点是广告空档过长，可能使广告记忆跌入谷底，增加再认知难度，有竞争品牌以前置方式切入广告空档的威胁。

这种排期方式比较适合于一年中需求波动较大的产品和服务，采用这种排期方式的主要是季节性商品或者在应对竞争对手的营销活动时。

3．脉冲式排期

脉冲式排期与起伏式排期一样，媒介预算的投放随时间段的变化而变化，但不同的是它在整个广告活动的时段都保持了一定的广告投放量，只是一些阶段投放量多一些，而另一些阶段投放量少一些。如果一个广告活动分成 4 个阶段，采用脉冲式排期的方式，可能是这样的形式：第 1 个阶段投入 15%，第 2 个阶段投入 10%，第 3 个阶段投入 45%，第 4 个阶段投入 30%。

脉冲式排期的优点是能够持续累积广告效果，可以根据品牌需要加强在重点阶段投放的强度；缺点是需要耗费较大量的预算，且容易造成过度暴露，产生广告疲倦效应，即重复广告的过度播放，使消费者的注意力、记忆力下降。

这种排期方式比较适合于全年销售比较稳定，且又有季节性需求的产品。

具体在实践中，采用何种排期方式能够产生最大的媒体效益，主要取决于以下几种因素。

1．产品销售的季节性

对于销售季节性变化不明显的产品，比较适合于用连续式排期，以维持一定的广告接触和品牌知名度。对于销售季节性非常明显的商品，比较适合起伏式和脉冲式排期，以支持销售需要。

2．重复购买周期

媒体排期通常要考虑让广告投放的时间与消费者购买产品的时间尽量接近，以起到提醒购买的作用。

3．产品的生命周期

在产品的导入期，通常需要大量而密集的广告投放使广告信息迅速到达受众，在短时间内提高品牌的知名度。当产品处于成熟期时，广告投放的主要目的是保持品牌与受众维持一定的基础接触量，起到提醒存在的作用，同时配合产品的销售季节性来安排投放量。

4．竞争对手的广告策略

媒体策略的本质是希望通过选择适当的广告传播载体和广告投放方式来使广告产品或品牌获得市场竞争上的优势。因此，了解竞争对手的广告投放时间和投放量是非常重要的。具体采用连续式广告投放策略还是起伏式或脉冲式广告投放策略，要根据产品或品牌在市场中的地位和预算来决定。

5．预算的约束

预算对排期的影响是全面且无法绕开的，它不仅影响广告排期的方式，而且影响整个广告活动持续时间的长短。

（三）媒体组合策略

1. 媒体组合概念

媒体组合是指在同一时期内运用各种媒体，发布内容基本相同的广告。媒体组合是大中型企业广告主常用的媒体策略，它比运用单一媒体传播广告的效果要好得多。任何一种媒体都不可能覆盖广告的全部目标受众；同一个目标受众，在广告传播周期内，也不可能只暴露在一种广告媒体范围内。因此在策划广告活动时，常常不只使用单一的广告媒体，而是有目的、有计划地利用多种媒体来开展广告活动。媒体组合不仅使广告受众接触广告的机会增多，还能造成一种大的声势，更加容易引起关注。

2. 媒体组合策略的类型

媒体组合策略可以分为两种形式：集中的媒体组合策略和多样的媒体组合策略。

（1）集中的媒体组合策略

集中的媒体组合策略是指广告主集中在一种媒体上发布广告，它主要集中影响被进行特别细分的受众。集中的媒体组合策略能创造出品牌易于被大众接受的氛围，尤其对于那些接触媒体有限的受众。

其优点在于，能够使广告主在一种媒体中相对于竞争对手占主要地位，使受众尤其是接触媒体范围狭窄的受众更加熟悉品牌，提高受众对产品或品牌的忠诚度，集中购买媒体可以获得大的折扣。

（2）多样的媒体组合策略

多样的媒体组合策略是指选择多种媒体到达目标受众。这种策略对那些有着多样市场细分的产品或品牌更加有效，可以通过不同的媒体对不同的目标受众传达不同的信息。

其优点在于，能向不同的目标受众传达关于产品或品牌的各种独特利益；不同媒体的不同信息到达同一目标受众可以加强其对信息理解的效果；运用多样的媒体策略，可以提高广告信息的到达率，受众可以暴露于多种媒体，因而信息到达受众的可能性较大。

但是，多样的媒体组合策略也有自己的缺点：不同的媒体需要不同的创意和制作效果，可能导致成本增加，提高制作费用比例，有可能影响其他重要目标的实现，如毛评点和总利用人数。

3. 媒体组合的具体方式

（1）视觉媒体与听觉媒体的组合

视觉媒体指借助于视觉要素表现的媒体，如报纸、杂志、广告牌、公共汽车广告等。听觉媒体指主要借用听觉要素表现的媒体，如广播广告、音响广告。电视、电影等是视听结合的媒体。视觉媒体更直观，给人以一种真实感，听觉媒体更抽象，可以给人丰富的想象。不同感官维度的媒体组合投放，可以在不同场合刺激受众的知觉，以达到更好的传播效果。

（2）瞬间媒体与长效媒体的组合

瞬间媒体指广告信息瞬时消失的媒体，如广播、电视等，由于广告一闪而过，信息不易保留，因而要与能长期保留信息、可供反复查阅的长效媒体配合使用。长效媒体是指那些可以较长时间传播同一广告的媒体，如印刷品、广告牌、霓虹灯、公共汽车广告等。

（3）大众媒体与促销媒体的组合

大众媒体指报纸、电视、广播、杂志等传播面广、声势大的广告媒体，其传播优势在于"面"。但这些媒体与销售现场脱离，只能起到间接促销作用。促销媒体主要指邮寄、招贴、展销，户外广告等传播面小、传播范围固定，具有直接促销作用的媒体，它们的优势在于"点"。若在采用大众媒体的同时又配合使用促销媒体，能使点面结合，起到直接促销的效果。

（4）传统媒体与新媒体的组合

传统媒体指报纸、杂志、广播、电视、户外媒体、直邮媒体等存在时间较长、发展比较成熟的媒体。它们具有牢固的群众基础，符合大众群体的媒体接触习惯。但随着新技术的普及、受众习惯的改变，越来越多的新媒体抢占了受众的注意力，其传播效果同样不容小觑。且很多新媒体的传播费用相对较低，效果却不俗。因此在媒介组合策划时，应考虑传统媒体与新媒体的结合和交替，提高广告传播效益。

实操训练 6-26

10年前芜湖某楼盘开盘时，采用了"报纸+直邮媒体+手机短信+广告杂志+户外展板+售点旗帜"的广告媒体组合，取得了良好的宣传和销售效果。10年后的今天，如果由你再策划一次楼盘开盘的媒介推广组合，你会做出怎样的改变？

实操训练 6-27

某奢侈品牌推出了新款口红，售价在300元人民币左右，目标对象是18～30岁的都市年轻女性。请你为这个产品上市的推广计划设计一个媒介组合，并说明在整个推广计划中各媒体投入预算的比重。

单元 7 广告策划执行方案及费用预算

知识目标

了解广告执行方案排表模式，熟悉广告执行排表模式注意事项。

技能目标

能根据广告目标设计出可行的广告执行方案，能精准制定广告预算机制。

素养目标

关注各类活动的执行过程，了解媒体执行过程，能够战胜执行过程中遇到的各种困难，工作态度端正。

通过案例讲解，对不正当广告投放时间和行为有认知，提高对《广告法》的认知，提升广告人的法律意识。

7.1　广告策划执行方案

7.1.1　广告投放时间排表模式

（一）广告投放时间安排的前期准备

在广告作品制作完成之后，需要解决的问题，就是具体安排广告推送时间，主要从两大方面考虑：一是集中与分散程度，即广告是连续的推送播放，还是间断的推送播放；二是广播推送的频率是保持有节奏的推送播放，还是有重点的推送播放。不同的推送方式，对广告效果将有不同的影响。

（二）广告投放时间安排模式

根据广告投放时间的集中程度和连续程度，广告投放时间安排可分为连续式、间断式和集中式。

1．连续式

广告策划执行过程中，广告持续不断地出现在消费者的面前，不间断地刺激消费者，增强消费者对广告内容的认知程度，从而达到累积效果。这种广告投放方式比较适合在使用上没有时间或季节区别、需求比较稳定的产品，如生活日用品、高档耐用品等。

2．间断式

间断式排期是指在固定的一个时期投放广告，另外一段时期停止投放广告的方式，这种方式主要针对市场上需求波动较大的产品。广告主在消费者需要大量使用该产品时，可以加大广告投放力度，集中竞争优势使传播效果最大化。此外，必须注意在广告停止投放的时期，消费者对广告的记忆度可能跌至最低。

3．集中式

集中式排期是连续式排期和间断式排期的结合。有些产品的购买周期很长，广告主在采用连续式排期的基础上，择机采用间断式排期，加强重点期间的宣传力度，有助于不断累积广告效果。这类投放方式需要广告主有比较雄厚的经济实力作为后盾。

（三）广告投放时间安排模式的案例解读

广告投放时间安排模式的选择要根据消费者接触媒体类型的行为特征而定。例如，某产品在地铁上和飞机上进行广告投放，两者的广告投放时间安排模式就会不一样。坐地铁的人群，除了部分是外地人或游客外，有相当一部分人群是固定路线的人员，也就是说，这些人员几乎每天或经常性地乘坐地铁的较固定的路线。这种情况下，以地铁为传播媒体的产品广告采取间断式排期较为合理，如每隔若干天广告传播一段时间。而乘坐飞机的消费者与地铁大不相同，乘坐飞机的消费者天天乘坐某一航班飞机的可能性较小，绝大部分都是隔几天甚至数月才坐一次飞机。也就是说，飞机上每天的乘客几乎都

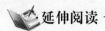

是新乘客。这种情况下，以飞机为传播媒体的产品的广告投放时间安排模式应该采取连续式较合适。

延伸阅读

学者对广告投放时间的研究

通过运用对比实验法对广告投放时间效果进行研究。

（1）与分散型相比，集中型使消费者对广告的记忆能快速进行。

（2）如不接触广告会立即忘掉。

（3）对广告的接触次数越多，忘记的比例越大。

（4）即使是暂时的，如果广告目标是使想广告的人数最大化，则集中型比较可取（广告量增加了，但广告想起人数的增加效率反而会降低）。

（5）如果广告目标是打广告期间内平均记忆广告人数的最大化，则分散型广告比较可取。

（资料源自：仁科贞文，《广告心理》，有删改）

实操训练 7-1

假设方特游乐园打算利用楼宇广告媒体、高速广告牌媒体等进行广告宣传，请思考应当选择哪种广告投放时间安排模式，并阐述理由。

实操训练 7-2

奇瑞某新款新能源汽车计划在明年的 12 月 1 日上市，并进行广告宣传。请思考选择哪些媒体较合适，应选择哪种广告投放时间安排模式？

7.1.2 广告执行方案的注意事项

1. 选择合理的广告发布时机

发布时间的选择要考虑到最佳的广告时机。

（1）节假日时机，如春节、中秋节、情人节等；

（2）季节时机，如旺季时提高广告投入力度，淡季时降低广告投入力度；

（3）重大活动时机，如企业周年庆典、重大体育赛事等。

2. 广告投放时间和频率要具体详细

如某运动服装品牌在公交车车内电视上进行广告投放的时间和频率。

（1）广告阶段：2019 年 4 月 1 日—2019 年 6 月 30 日；

（2）广告的投放媒体：32 路公交车车内电视；

（3）广告投放时间：15 秒/次；

（4）广告发布频率：每周一、三、六，一天播 8 次。

广告发布时间是 4—6 月份，正好是运动服装的销售旺季；32 路公交车线路是大学城至步行街和火车站的线路，符合目标人群经常接触的媒体；整体而言，此产品广告发布时间和频率比较符合实际，具有较高的执行价值。

3．广告媒体组合搭配要合理有序

某个广告活动，通常情况下，需要借助多种广告媒体推送广告信息，而广告媒体组合要遵循合理有序的原则，即哪些媒体广告重点投放，哪些广告媒体间断式投放等；要有合理有序的规划。媒体组合使用要以目标消费者日常频繁接触的广告媒体为设计出发点，如果广告投放在目标消费者平时极少接触或几乎不关注的媒体上，将造成广告费的浪费。以某品牌奶茶广告推送为例，媒体组合设计如表 7-1 所示，以网络广告为主要的进攻媒体，辅以平面广告、公交车广告，进行产品的知名度宣传与市场推广。

表 7-1　××奶茶广告媒体组合安排表

广告媒体	媒体选择	投放形式	投放内容	投放频率	20××年 3—4 月	20××年 5—6 月	20××年 7—8 月	合计
平面广告	单页	整版	促销活动	每周 2 次	√	√	√	52
	海报	整版	促销活动	每周 2 次	√	√	√	52
	公交车身	整面	品牌形象宣传	持续半年	√	√	√	
电视	芜湖公交车内电视	插播	品牌形象宣传	每周三、六、日各 1 次，每次间断式播放 20 遍	√	√		960
网络	微博、微信公众号	专栏	活动宣传	每周 1 次	√	√		8
			产品广告	每周 1 次	√	√		8
			品牌宣传	每周 1 次	√			4
	游戏 H5	专栏	活动促销	五一活动互动，3 天，每天发布 2 次		√		6
	抖音视频	插播	产品广告	每周两次，每次播放 2 遍	√	√		64

7.1.3　娱乐互动活动广告宣传执行方案

娱乐互动活动广告宣传与常见的广告宣传活动不同，它强调娱乐性和互动性，一般开展形式为线下活动，如公益讲座类，企业赞助，游戏互动类（投篮比赛），服务类（某家电企业组织的免费电器维修服务活动）等，重在树立企业形象或提高企业知名度。娱乐互动活动广告宣传执行方案设计需注意以下几点。

（一）活动设计要符合目标消费者的喜好

例如，某童车产品的互动活动广告宣传，可以设计一些适合儿童参与的娱乐互动活动，如钓鱼比赛（用小鱼网抓鱼比赛）、骑自行车比赛（试骑）等，以此吸引儿童们的参与积极性和兴趣。

（二）根据目标消费者出行习惯，选择恰当的活动场所和活动时间

例如，某童车产品的互动活动广告宣传，一般可以选择综合体商场、大型超市门前、适合儿童游玩的游乐场内等。活动时间最好选择周末或节假日。

（三）活动执行计划要详细，具有可行性和可操作性

活动执行方案要具体详细，思考周密，确保活动可操作、可执行。方案内容要详细罗列出活动的起止时间、人员安排、物料清单、现场活动节目筹备、场所预定、活动风险防范与预案、费用预算等内容。

 素养园地

违法弹窗广告这个"牛皮癣"，该被彻底弹掉了

弹窗广告惹人烦！尽管广大用户苦其久矣，但这个网络"牛皮癣"却依然大行其道，挥之不去，始终在用户眼前晃来晃去。广东省消费者委员会近日发布的一份调查报告显示，近8成受访者经常遇到弹窗信息。受访者反映的主要问题是，弹窗广告关闭难。

说起弹窗广告，相信每个人都不胜其扰。硕大浮窗出现在手机屏幕上，你点了关闭按钮却生气地发现被"套路"了。弹窗广告无序运行，不仅严重影响上网体验，有的更涉嫌违法。据调查，有些App弹窗信息以领取优惠、中奖等信息来诱导用户点击，涉嫌对用户进行欺骗、误导。这种披着马甲的挖坑行为，贻害不浅。

广告是想弹就弹么？我国《广告法》明确规定，利用互联网发布、发送广告，不得影响用户正常使用网络。在互联网页面以弹出等形式发布的广告，应当显著标明关闭标志，确保一键关闭。《互联网广告管理办法》也规定，不得欺骗、误导用户点击、浏览广告。

但是，一些企业在畸形利益驱动下，故意不设置一键关闭标识，哪怕设置了，也云山雾罩，让用户找不到、看不清、按不动。至于诱导用户点击，更成了一些弹窗广告的拿手好戏。成本低、获利丰，是弹窗广告灰色化生存的动机所在。对这种拙劣的"捉迷藏"游戏和"欺骗性"交互，监管部门更应重拳出击，要加大处罚力度，让其得

不偿失，让其长记性。

有专家建议，增加信用惩戒和市场准入等方面的惩罚。如果该设置一键关闭却不设置，就要限制其发布广告的权利，剥夺想弹就弹的自由。特别是一些弹窗广告变成了"毒窗"广告，存在色情、赌博、暴力等违法信息。更要通过制度约束，弹掉不法广告，并堵死其死灰复燃的路径。

治理弹窗广告，有关部门已表示，在常态化监管的基础上，适时针对重点问题、重点企业开展"回头看"。出硬招，出实招，出高招，更要见成效。露头就打，并通过精准监督，不给问题广告露头的机会。大家一起努力，早日把这个"牛皮癣"弹掉！

（资料来源：人民日报客户端《违法弹窗广告这个"牛皮癣"，该被彻底弹掉了》）

实操训练 7-3

比亚迪某新款新能源汽车计划在 2025 年 12 月上市并进行广告宣传，请模仿"表7-1"设计一个广告媒体组合安排表。

实操训练 7-4

三只松鼠特色亲子主题小镇"松鼠小镇"计划在暑期开展娱乐互动活动，请为松鼠小镇设计一个娱乐互动活动广告宣传方案。

7.2 广告策划费用预算

7.2.1 广告策划费用预算的方法

（一）广告策划费用预算的计算方法

企业广告策划费用预算，一般是按照年度或季度进行设定。通常，企业会根据市场、竞争者及消费者的变化，设定切合自己实际需求的广告投入预算。广告策划费用预算方法主要有以下几种。

（1）量力而行法。该方法即企业根据自己的财力来决定广告预算多少，并考虑广告投入与销售指标的关系。

（2）百分率法。该方法以一定期限内的销售额或利润额的一定比率来确定广告费用的数额。

（3）预期购买者数量法。该方法即根据往年购买者数量情况，结合未来一段时间的市场行情，预测购买者数量并设定广告预算。

（4）竞争对抗法。该方法即比照竞争者的广告预算来决定本企业的广告预算，采取此种方法的企业，一般是实力雄厚的大企业。

（5）目标达成法。广告目标可以分为提高知名度、美誉度或销量的目标，为了完成特定的广告目标，需要提前设定好广告的内容、媒体选择、播放时间和频率、刊播范围等，然后计算每项广告活动需要的广告费用。

（二）广告策划费用预算的分配方法

广告策划费用预算的分配方法，主要有以下几种。

1. 按照广告的产品品类分配预算

企业在分配广告预算时，一般有所侧重，通常会集中宣传核心产品种类。

2. 按照广告的发布媒体分配预算

可以根据企业需要，选择不同的媒体组合进行广告传播，也可以选择同媒体内进行广告传播，广告预算将根据媒体传播效果进行合理分配。

3. 按照广告的投放地区分配预算

企业的目标市场一般有多个区域，可根据不同地区的人口数量、需求特征等进行分配。

4. 按照广告的投放时间分配预算

对于季节性强的产品，一般采取短期性广告预算或突击性广告预算。除此之外，还有长期性广告预算等。

在预算分配的实际操作中，可以根据企业产品、市场等实际变化情况，合理规划分配，有时还可以使用这几种方法综合评估。

7.2.2 广告策划费用预算的编制

（一）广告策划费用预算的内容

广告策划费用预算的内容一般按照活动项目类别，可分为以下几个方面。

（1）广告调查费，如调研人员开展市场调研的费用、咨询费、购买调研报告的费用、监测广告效果费用等费用。

（2）广告创意、设计、制作费。

（3）广告媒体费，即购买媒体时间和空间时所支付的费用，如网络广告、户外广告、交通广告等费用。

（4）实施各类活动的费用，包括销售终端广告活动、现场活动、各类赞助活动等的场地费、材料费、人工费等相关费用。

（5）广告部门行政费用，如广告人员的工资、办公费、公关费、其他营销活动协调费等费用。

（6）代言人费用，如聘请某知名人士进行广告形象代言的费用。

（二）了解不同媒体广告价目

不同媒体根据其刊播广告的时间和传播范围不同，广告价格差异较大。企业应该根据广告目标需要，合理选择广告时间，合理分配广告费用。

（三）制作广告费用预算明细表

广告费用预算明细表通常采用图表的形式，图表内容包括具体的项目名称、费用和执行时间等，如表 7-2 所示。

表 7-2　××品牌牙膏广告费用预算明细表

项目	开支内容	费用	备注
市场调研费 1. 问卷设计 2. 实地调查 3. 资料整理 4. 研究分析 5. 其他	问卷调查 实地考察 上机费 其他	20000 元 40000 元 10000 元 60000 元	在商场及广场对正在逛街的人们随机进行采访，记录他们对本产品的评价及建议
广告设计费 1. 报纸 2. 杂志 3. 电视 4. 广播 5. 网络 6. 其他	报纸的广告预算 杂志广告预算 电视广告预算 户外广告预算	100000 元 50000 元 350000 元 150000 元	各种报纸上的条栏对产品的介绍；各类杂志的刊登；电视台的一分钟以内的广告宣传；各个目标市场的路牌、灯箱和车身
广告制作费 1. 印刷费 2. 录制费 3. 工程费 4. 其他	印刷费 录制费 其他	200000 元 800000 元 650000 元	
广告媒介租金 1. 报纸 2. 电视 3. 电台 4. 杂志 5. 网络 6. 其他	报纸 电视 杂志 网络 其他	65000 元 900000 元 250000 元 1500000 元 350000 元	其他包括有些偏僻的山村的一些手绘墙对产品的宣传等
演员酬金 1. 明星 2. 群众演员	明星 群众演员	600000 元 250000 元	包括演员的接待、消费、酬金及群众演员的工资
促销与公关费 1. 促销活动 2. 公关活动	促销活动 公关活动	1000000 元 2200000 元	
服务费		1200000 元	
机动费用		500000 元	
其他杂费开支		2250000 元	出差、办公费用等
管理费用		320000 元	
总计		13815000 元	

实操训练 7-5

比亚迪某新款新能源汽车计划在 2025 年 12 月上市并进行宣传，请根据你所涉及的广告媒体组合安排表，编制广告费用预算明细表。

实操训练 7-6

三只松鼠特色亲子主题小镇"松鼠小镇"计划在端午节举办亲子包粽子比赛，经费大概 1 万元，请根据经费，设计广告媒体组合安排，并编制广告费用预算明细表。

单元 8

广告策划效果调研与反馈

● **知识目标**

了解广告策划效果的内涵及特征。

熟悉广告策划效果的分类。

● **技能目标**

掌握广告策划效果测定的内容。

能对广告心理效果、广告经济效果、广告社会效果进行测定。

理解事前、事中、事后测定的方法，能够撰写广告策划效果报告书。

● **素养目标**

培养作为广告人需具备的严谨细致的素养。

提高对于市场的敬畏感和敏感度。

善于思考市场环境对于广告效果的影响。

熟悉《广告法》相关内容，树立从事广告行业从业职业道德感和自律精神。

 8.1　广告策划效果调研

8.1.1　广告策划效果概述

（一）广告策划效果的内涵

整个广告经营活动的出发点和落脚点，是广告刊播出去后传播效果如何、成本收益状况如何、对受众的社会影响如何，这也是广告人最为关心的。因此，对广告策划效果的评估监测是广告运营活动的重要工作环节。

广告策划效果有狭义和广义之分。狭义的广告策划效果是指广告所获得的经济效益，即广告传播促进产品销售的增加程度，也就是广告带来的销售效果。广义的广告策划效果则是指广告活动目的的实现程度，是广告信息在传播过程中所引起的直接或间接变化的总和，它包括广告的经济效益、心理效益和社会效益。

在广告实践中，广告效果的评估方法可谓五花八门。尽管多年来，广告专家、传播专家、企业甚至跨学科专家，都在这条探索路上付出过大量心血，但迄今为止还没有一个关于广告效果评估的理论得到普遍的推崇，也没有一个具备"国际标准"的评估工具诞生。这使目前广告效果评估的科学性、体系性和可信度成了广告管理理论研究和实践探索的巨大瓶颈。

> 📖 **延伸阅读**
>
> #### 火出圈的蜜雪冰城——互联网时代的奇迹
>
> 最近你们有没有听过蜜雪冰城的主题曲？因为"魔性"的主题曲"你爱我，我爱你，蜜雪冰城甜蜜蜜"，蜜雪冰城在微博、哔哩哔哩、抖音等社交媒体上火出了圈。
>
> 靠着 3 元的冰激凌、4 元的柠檬水、均价 8 元的奶茶，蜜雪冰城在 2020 年 6 月已突破了 1 万家门店。这不禁让外界惊叹，这么便宜的产品，还能有钱赚吗？
>
> 2021 年 6 月 3 日，蜜雪冰城品牌官方号在哔哩哔哩上传了主题曲 MV《你爱我，我爱你，蜜雪冰城甜蜜蜜》，随后又上传了中英双语版视频，"魔性"的旋律和简单的歌词让其收获了超过 1282 万的播放量、65 万的点赞量。
>
> 哔哩哔哩的内容创作者们，纷纷在主题曲的基础上进行二次创作，又给蜜雪冰城带来了一波流量。一时间，这首主题曲出现了英语版、俄语版、日语版、泰语版等不同语言版本，甚至还有四川话、粤语、广西话、东北话等方言版本，在微博、抖音、快手等社交媒体平台传播甚广。
>
> 主题曲火爆出圈后，又传出蜜雪冰城线下门店唱主题曲就可以免单的消息，吸引不少网友去蜜雪冰城门店"打卡唱歌"。但不少网友克服"社交恐惧"在蜜雪冰城门店又唱又跳后，并没有得到免单的奖励，门店工作人员也表示没有发布这样的活动。

　　无论是不是官方活动，蜜雪冰城都赚足了一波热度，收获了"#难怪蜜雪冰城歌曲这么耳熟#""#蜜雪冰城主题曲#"等多个热搜，截至 2021 年 6 月 20 日，相关微博话题阅读量超过 1.3 亿，抖音话题下也有 7.9 亿次的播放量。

　　事实上，这首魔性上脑的主题曲旋律来自一首民谣《oh, Susanna》（音译《哦，苏珊娜》），这是一首由斯蒂芬·福斯特于 1847 年写的乡村民谣，至今已有 100 多年历史。蜜雪冰城主题曲就选用了其中一段韵律感强、旋律简单的内容，进行简单改编和重复，虽只有短短 13 个字，却实现了快速传播。

　　从 1997 年创立至今，蜜雪冰城已经有 20 多年的历史，直到近几年才频繁进入大众的视野。除了火出圈的主题曲，谈起蜜雪冰城，"低价实惠"是它最大的特点。实惠的产品价格让蜜雪冰城在下沉市场占据了巨大的市场份额。有数据显示，2020 年 6 月，蜜雪冰城成了全国首家门店数量破万的茶饮品牌。

（二）广告策划效果的特征

1. 迟效性

迟效性是指广告活动的效果通常在广告活动进行后的一段时间内才能充分地表现出来。在通常情况下，大多数人看到广告后，并不会马上就去购买该产品。这主要是因为：该消费者正在使用的某种品牌的产品还可以继续使用，而消费者通常要确认使用广告产品能够给他带来更多的利益。迟效性使广告效果不能很快、很明显地显示出来。因此，评估广告效果首先要把握广告产生作用的周期，确定广告效果发生的时间间隔，这样才能准确地评估。

2. 累积性

大多数广告通常不能立竿见影，其效果是逐渐累积而成的。也就是说从广告播出开始，一直到消费者实际购买的这段时间，就是广告的累积期。如果没有"量"的累积就很难有效果的"真正体现"。例如，有一个企业在一段时期内连续播放了 5 次广告，但市场没什么反应，直到第六次广告播出后才有较为明显的反应，这并不意味着第六次的广告效果好于前几次。

3. 二次传播性

广告信息在消费者当中有"梯形传递"的特点，即直接接收广告信息的人会向亲戚、朋友、同事传递该信息，"一传十、十传百"，并由此影响后者对广告产品的态度，形成对广告产品的偏好。

4. 复合性

复合性是指广告效果是由企业的广告活动与本企业或竞争企业的其他营销活动相互作用而体现出来的。企业整体广告效果是多种广告表现形式、多种媒体等因素综合作用所产生的结果；企业广告活动与同时开展的其他营销活动（如公共关系、促销员推销等）是相辅相成的，因此广告效果也就必然会由于其他营销活动效果的好坏而增强或减弱；同行业其他竞争企业所进行的同类产品的广告或其他营销活动也会对本企业产品的广告活动效果带来影响，如竞争产品的广告攻势强，就会给本企业广告产品的销售带来影响，而竞争产品的广告投入量少且缺乏新意，就会反衬出本企业广告产品的特色。

5. 遗忘性

广告大多数是转瞬即逝的，除非是那些非常具有创意的广告。从总的趋势看，随着时间的推移，广告效果会逐渐减弱，广告信息或品牌名称会在广告对象的心目中逐渐模糊，品牌知名度会下降。有些广告信息经过若干年的沉寂之后，可能完全被遗忘。因此，在进行广告效果测定时，不要仅仅从短期内所产生的广告效果去判断。

（三）广告策划效果的分类

广告策划效果可以理解为广告信息传播出去之后对消费者产生的所有直接或间接影响效应，也就是广告活动对信息传播、产品销售及社会经济等产生的各种影响作用。广告策划效果可以分为 3 个方面：广告策划的心理效果、广告策划的经济效果、广告策划的社会效果。

1. 广告策划的心理效果

广告策划的心理效果又称"传播效果"或"接触效果"，是广告效果的核心。它是指广告刊播后对消费者产生的各种心理效应，如广告对知觉、记忆、理解、情感、欲求及行为等方面的影响。心理效果是广告传播效果的直接反映，其好坏取决于表现效果和媒体效果的综合作用，是广告效果的核心因素。

2. 广告策划的经济效果

广告策划的经济效果是广告主最为关心的效果，主要指广告主从广告活动所获得的经济收益或损失，即由广告而引发的产品和劳务销售、利润的变化情况，以及由此引发的市场竞争变化、行业及宏观经济波动等。

3. 广告策划的社会效果

广告策划的社会效果泛指除传播效果、经济效果之外，广告对整个社会的文化、道德、伦理等方面所造成的直接的和间接的影响。

延伸阅读

广告策划效果的其他分类标准

按产生效果的时间关系。从广告活动的总体过程来看，广告效果可分为事前效果、事中效果与事后效果。与此相对应，广告效果测定可分为事前测定、事中测定与事后测定。事前测定：广告活动前的效果评估除市场调研中所包括的商品分析、市场分析、消费者分析之外，还可能需要探究消费者的心理与动机，以及设法测验信息在传播过

程中可能发生些什么作用，以找出创作途径，选出最适当的信息。事中测定：广告活动进行中的效果评估，主要目的在于设法使广告策略与战术能够依预定计划执行，而不至于脱离轨道，并予以及时修正。事后测定：广告活动进行后的效果评估，重点在于分析和评定效果，以供管理者下一步决策和计划参考。

按消费者的影响程度。广告信息经由媒体传播给消费者，会对其产生各种心理影响和行为反应。按其影响程度和表现形式，广告效果可划分为到达效果、认知效果、心理变化效果和行动效果。到达效果主要是指广告媒体与消费者的接触效果，通常以广告媒体的发行量、收视率和覆盖面等指标来测评；广告到达效果的测评，能够为广告媒体的选择指明方向，但这种效果只能表明消费者日常接触广告媒体的表层形态。认知效果指消费者在接触广告媒体的基础上，对广告信息有所关注并能够记忆的程度，主要测定和分析广告实施后给予消费者的印象深浅、记忆程度等，一般通过事后调查获取有关结果；广告认知效果是衡量广告是否有效的重要标准之一。心理变化效果指消费者通过对广告的接触和认知，受广告的影响所引起的对广告产品或服务产生的好感及消费欲望的变化程度；广告心理变化效果主要通过知晓率、理解率、喜爱度、购买欲望率等指标来测评，对消费者在广告前后的态度变化进行比较和分析；这种态度变化是消费者采取购买行动的酝酿和准备，因此，心理变化的测评在广告效果测定中是一项极受关注的内容。行动效果指消费者受广告的影响所采取的购买产品、接受服务或响应广告诉求的有关行为，是一种外在的、可以把握的广告效果，一般可以采取事前事后测定法得到有关的数据；但是一般来说，消费者采取购买行动可能是多种因素促成的，并非仅是广告宣传的效果，因此对这类效果的测评，也应考虑广告之外的其他因素的影响作用。

此外，广告效果还可以按照广告所使用的具体媒体，划分为印刷媒体效果、电子媒体效果、户外媒体效果、直邮广告效果及购买点（Point of Purchase，POP）广告效果。

实操训练 8-1

谈谈你印象深刻的广告有哪些，试着分析为什么你能记住这些广告，为什么对于大多数的广告都会遗忘。

实操训练 8-2

结合自身经验，谈谈一个好的广告应具备哪些因素。

实操训练 8-3

谈谈你觉得广告策划传播效果 3 个方面中的哪个最为重要，为什么？

8.1.2 广告策划心理效果测定

（一）广告策划心理效果测定内容

广告策划心理效果是指广告在经过特定的媒介传播后，对消费者心理活动的影响程度。广告策划心理效果测评主要是测评广告对消费者的影响程度，这种影响程度不仅体现在销售额上，还体现在消费者的接触、感知认知、情感偏好等心理因素的影响程度上。

1. 接触度的测定

接触度是测定广告所到达人数数量的多少，即对消费者的媒体接触情况的调查。根据媒体种类的不同，接触度可分为电子媒体接触度、印刷媒体接触度和网络媒体接触度。

（1）电子媒体接触度

常见的一些调查指标包括广告到达地区的消费者家庭电视机普及率是多少，每天收看电视节目的时间是多少，哪一个电视节目最受欢迎等。

（2）印刷媒体接触度

常见的一些调查指标包括广告到达地区的报纸、杂志的地区发行量有多大，报纸杂志的阅读状况如何，读者的构成情况如何等。

（3）网络等新媒体接触度

常见的一些调查指标包括新媒体的目标人群、下载量、使用人数有多少，每日的活跃人数有多少，受众的构成情况如何，新媒体的点击率及二次转化率如何等。

> **📖 延伸阅读**
>
> **抖音 2022 年世界杯观赛报告发布**
>
> 2022 年卡塔尔世界杯于 11 月 21 日开赛，并于 12 月 19 日凌晨落下帷幕。本次世界杯，抖音获得央视授权转播所有场次的比赛。为顺应新媒体时代用户的观赛习惯，并最大限度获取新球迷用户，抖音提供了全场次、4K 超高清免费直播，支持移动端和 PC 端观看。
>
> 赛事结束后，抖音发布 2022 年世界杯观赛报告。本次世界杯累计直播观看人次达 106 亿，用户直播总互动 13 亿人次。边看边聊累计参与人数 1753 万，赛事直播间累计分享 2608 万，1.7 亿人次参与赛事竞猜。而在公益方面，无障碍字幕直播间累计观看人数达 1905 万，全球币公益捐献人次达 63 万。从有梅西参与的世界杯决赛数据来看，决赛直播观看人数达 2.3 亿，最高同时在线人数达 3706 万，边看边聊参与人数达 492 万。
>
> 在世界杯进行期间，在抖音直播平台，足球明星、流量网红明星组成嘉宾天团，

国内外流量大咖制造一个又一个热点，参与嘉宾达 80 多人。在构筑全网热门话题上，创造了 5237 个热点总数，其中抖音原生热点 1223 个，累计消费达 1510 亿。视频创作者充分利用流量红利，参与发布关于世界杯相关视频的抖音视频创作者达 1100 多万人。

2. 感知认知度的测定

（1）阅读率和平均阅读率

阅读率是通过对城市人口的抽样调查得到的，它能帮助广告主了解媒体的特色。平均每期阅读率是消费者调查的常用指标，它是平均每期内容阅读人数占总人口的比例。媒体的广告发布一般都要经历购买版面（时段）、了解阅读率（收视率）及发展特定的消费群等阶段。

（2）千人成本

千人成本是指广告被 1000 人次看到广告所需要的费用，它能衡量广告成本的高低，帮助广告主选择最优的广告投放方案的指标。

（3）精读率

精读率是指认真阅读 50%以上广告内容的消费者百分比，一般通过随机调查抽样形式来统计，但往往并不准确，主观性较强。

（4）广告阅读效率

广告阅读效率=（广告的销量×每类消费者的百分比）/所付的广告费用。

每类消费者的百分比，可以是指注目率、阅读率、精读率。

（5）记忆率

消费者对于广告的记忆率，一般是指对于广告重点诉求持续记忆的能力与水平。记忆对刺激潜在消费者的购买行为具有重大意义，当他们产生购买欲望时，往往经意或者不经意地回忆起值得信赖的产品，从而影响购买决策。广告要获得好的传播效果，就必须提高人们对于广告信息的记忆率。

3. 消费者偏好状况测定

接触广告、注意广告的结果是引起消费者态度的变化，而态度变化效果又直接影响着购买行为的发生，因此态度变化测评是广告心理测评的一项重要内容。

广告信息对消费者的心理影响一般要经历认知、理解、确信、行动 4 个发展阶段，态度变化测评主要是在认知度测评的基础上，进一步测评消费者对广告观念的理解喜好程度，即理解度和喜好度的测评。

理解度测评主要是了解消费者是否全面准确地认识产品的特征，在广告的不同诉求点中，哪些诉求点理解度高，哪些理解度低。例如，可对消费者层层提问：意思是什么、为什么会这样、结果会怎么样，由此掌握消费者对广告的理解程度。

喜好度测评主要是了解有多少人建立了对广告产品的信赖度和偏好度，这是消费者购买产品的重要原因。一个人的态度变化很难直接观察到，一般只能从其表现出的言辞和行动去推测。因此，态度变化测评一般是通过深入交谈和投射法来进行。

延伸阅读

AIDMA 理论

AIDMA 理论是消费者行为学领域很成熟的理论模型之一，由美国广告学家 E.S. 刘易斯在 1898 年提出。该理论认为，消费者从接触到信息到最后达成购买，会经历这 5 个阶段。

A：Attention（引起注意）——花哨的名片、提包上绣着广告词等是被经常采用的引起注意的方法。

I：Interest（引起兴趣）——一般使用精致的彩色目录、有关商品的新闻简报加以剪贴。

D：Desire（唤起欲望）——推销茶叶的要随时准备茶具，给消费者沏上一杯香气扑鼻的浓茶，消费者品茶香体会茶的美味，就会产生购买欲；推销房子的，要带消费者参观房子；餐馆的入口处要陈列色香味俱全的精制样品，让消费者备感产品的魅力。

M：Memory（留下记忆）——一位成功的推销员说："每次我在宣传自己公司的产品时，总是拿着别的公司的产品目录，一一详细说明比较。因为如果总是说自己的产品有多好多好，消费者对你不相信，反而想多了解一下其他公司的产品。而如果你先介绍其他公司的产品，消费者反而会认定你自己的产品。"

A：Action（购买行动）——从引起注意到付诸购买的整个销售过程，推销员必须始终信心十足；但过分自信也会引起消费者的反感，以为你在说大话、吹牛，从而不信任你的话。

该理论将消费者的购买行为模型化，有助于广告主系统地研究消费者后更有效地进行产品的宣传。但是，该理论并没有具体细化到不同的产品类别，实际上，该理论更多适合高卷入度的产品（价格高，需要小心做决策），而对于低卷入度产品，消费者的决策过程往往没有那么复杂。

这个理论可以很好地解释在实体经济里的购买行为，但在网络时代，该理论的无法准确概括一些消费者的典型特征。2005 年，日本电通集团提出了基于网络购买消费者行为的 AISAS 理论。AISAS 的前两个阶段和 AIDMA 模型的相同，但第 3 个阶段 S 为 Search，即主动进行信息的搜索，第 4 个阶段为 A，即达成购买行为，最后一个阶段 S 为 Share，即分享，将购买心得和其他人进行分享。这一理论更加准确地概括了在网络条件下，消费者获得信息、分享信息的能力，是 AIDMA 理论的发展。

（二）事前测定方法

1. 专家意见综合法

请广告专家、市场营销专家及企业有经验的营销人员对可供选择的几种广告作品或广告活动方案进行评价、比较，选择其中最优的一种。

实际中，经常请专家填写"广告效果评估表"，即根据广告的实际情况在表上归纳出一个个项目或问题，每个项目或问题都给予一定的分数，然后请专家打分，最后把各项分数加起来得到的总分数，便是对一个广告作品或是一个广告活动方案的评判。

但这种方法只能代表专家的意见，不一定能反映消费者的看法，因此结果不太可靠。

2. 消费者评分法

这种方法是让消费者直接审定广告效果，可以请内部职工或同行评审提意见，也可以直接征求消费者的意见。征求意见时，可以同时设计几幅广告，请评审者从中选择，也可以设计一幅请评审评价。

这种方法只需采用广告设计草图，成本低廉，一旦选定调查对象，很快便可判断出哪一则广告宣传效果最好。

通常设计广告评分表时，可以从以下几个方面展开：（1）本广告吸引消费者注意力的能力如何；（2）本广告使消费者往下继续阅读的能力如何；（3）本广告主要的信息或利益的鲜明度如何；（4）本广告特有的诉求效能如何；（5）本广告建议激起实际购买行动的可能性如何等。评分标准可以用文字等级来表示，如用差、一般、中等、好、优秀；也可以用数字大小来表示，例如在1—10分之间打分。

例如，一个完整的**"消费者评分法测试问卷"**如下所示。

您好！您所参加的是广告创意测试，目的在于对不同的广告创意进行评价，做出选择。请您在看过广告创意幻灯片之后回答下列问题。

第1题　您所看到的广告片宣传的产品是什么？

（1）化妆品（2）护肤品（3）女装（4）皮包（5）珠宝

第2题　该产品的名称是＿＿＿＿＿＿＿＿。

第3题　该产品的广告语是＿＿＿＿＿＿＿＿＿＿。

第4题　你看过广告片后是否愿意购买该产品？

（1）愿意　（2）不愿意　（3）无所谓

第5题　请你对广告片在下列方面给予评价（按5个等级进行评价，"1"为最低，"3"为中间状态，"5"为最高，请圈出相应数字）。

（1）节奏　　　慢　　——1——2——3——4——5——　　快

（2）画面　　　不好看　——1——2——3——4——5——　　好看

（3）色调　　　灰暗　　——1——2——3——4——5——　　艳丽

（4）人物表演　　做作　——1——2——3——4——5——　　自然

（5）亲切感　　　　不亲切　——1——2——3——4——5——　　亲切

（6）可信程度　　　不可信　——1——2——3——4——5——　　可信

（7）印象　　　　　不深　　——1——2——3——4——5——　　深

（8）喜欢与否　　　不喜欢　——1——2——3——4——5——　　喜欢

第 6 题　您认为该广告片想要吸引哪部分人的注意？

（1）女士___　　　男士___

（2）职业女性___家庭主妇___

（3）年轻女性___成熟女性___

（4）时尚女性___保守女性___

（5）城市女性___农村女性___

（6）高收入人群___　中等收入人群___　低收入人群___

第 7 题　你认为该广告片有哪些可以改进的地方？

问卷到此结束，感谢您的参与！

3. 仪器测定法

这是一种通过物理仪器来测定消费者在观看广告过程中的生理反应，并以此确定广告对于消费者是否产生刺激性影响的方法，但无法确定这种刺激性影响是好的还是坏的。该方法主要应用于广告投放前，选择小范围内有代表性的被调查者观看过的广告进行实验，以便对广告进行相应的改进。常见的测量仪器有：视听监测仪、心理分析仪、瞳孔记录仪、视向测定器、瞬间显露器、皮肤电流反向器（即测谎器、精神电流器）等。测量结果仅作为广告投放前的参考，不起决定性作用。

4. 雪林测定法

这种方法是指被邀请的代表性消费者持票入场，观看自己喜欢的商品的广告，在广告播放后重新挑选产品并观看广告，对比两次挑选的结果，以判断哪一个广告的效果较好。还可以对消费者进行提问，测试消费者对广告内容的记忆程度。

雪林测定法的优点是客观、全面，能真正反映消费者的心理活动状况；缺点是仅局限于电视广告，操作技术性强，成本高，且只能考察消费者初次接触广告时的心理活动状况。

（三）事中测定方法

1. 市场测验法

该方法是选取两个相类似的城市实验前后相应指标的对比来展开测定，其中一个城市作为控制城市不投放新广告，另一个城市作为实验城市投放新广告。该种方法的实施步骤是，先将销售地区分为实验城市与控制城市，将实验城市所选择的商店传播指标记录下来，然后在实验城市进行新的广告活动。控制城市与实验城市的环境条件大体相同，但在控制城市并不进行新的广告宣传活动。经过一段时间后，将实验城市与控制城市在实验前后的传播指标加以统计比较，便可测定进行新的广告活动与不进行广告活动的对比效果。

如选取 A、B 两城市进行实验，A 为实验城市，B 为控制城市。只在 A 城市进行电视广告宣传，实验结果如表 8-1 所示。

表 8-1　A、B 两城市实验结果

销售地区	销售额/万元（实验前）	销售额/万元（实验后）	销售额增加/%
A 城市（实验城市）	84	92（做广告）	9.5
B 城市（控制城市）	102	108（不做广告）	5.98

从上表可以看出，A 城市进行电视广告宣传后，销售额增加了 9.5%，B 城市不做广告，销售额只增加了 5.98%。可以看出，投放广告宣传的城市比不做广告宣传的城市的产品销售额增长率要高 58.86%。同时，如果销售额的增加量在于其广告投入费用，则做广告是可行的。

2. 分割测定法

分割测定法比回条法更严格和复杂。以杂志为例，分割测定法的具体操作是将两种不同的广告文本在同一期的杂志上公开刊出，两种印有不同广告文本的杂志数量相同，并且在广告文本上印有回条。通过回条的回收情况，来测定哪一种广告文本效果更好。当然，该方法的最大难点在于杂志社印刷同一期期刊采用两种模板，会大大增加广告媒体的成本。

所幸的是，随着科技的进步，消费者接触纸质媒体的可能性越来越低，杂志之类的纸媒慢慢淡出大众的视野。新媒体的广泛应用，使分割测定法可以更方便地用于进行广告效果的测定。基于位置的服务（Location Based Service，LBS）技术的广泛应用，使在同一媒介、同一时期传达产品的两种不同广告，在技术上变得简单可行，同时也不会增加企业的广告费用。

LBS 技术是利用移动通信、互联网络、空间定位、位置信息、大数据等多种信息技术的定位技术来获取消费者当前所在的位置，通过移动互联网向定位的消费者提供相应服务。针对分割测定法，通过定位不同的消费者画像，将产品的不同广告内容通过各种新媒介传达给不同的消费群体，从而解决同一媒体刊登两种不同广告的难题。同时，企业可以通过消费者停留在媒介上的时间来判断广告内容对消费者的吸引力，而不需要消费者再将回条寄回企业，企业也可以节省在回收回条过程中赠送小礼物的成本。

（四）事后测定方法

事后测定法指在广告活动结束后，对广告效果进行综合评测的方法。它所依据的是既定的广告目标，因此测量内容视广告目标而定。

事后测定方法主要通过邀请消费者填写问卷的方式进行抽样调查。该问卷一般为要点打分量表，消费者就已刊播过的广告的重要方面进行打分，各项得分之和就反映该广告的实际效果，如表 8-2 所示。

表 8-2　要点打分量表

打分项目	打分依据	该项满分	实际打分
吸引力	吸引注意力的程度（创意）	20	
认知性	对广告诉求重点的认知程度	10	
说服力	对广告产品的好感程度	15	
行动力	由广告引起的立即购买行为	15	
传播力	由广告文案的创造性而引起的传播程度	20	
综合力	广告的媒体效果	20	

当然，我们也可以通过在问卷中设置客观题或主观题进行测定，该内容在第 3 单元中已讲述，在此就不再赘述。

实操训练 8-4

某家用小轿车厂商决定在某地开拓市场，目标消费群是月收入在 2 万元以上的男性高收入人群。某地的两份地方报纸中，A 报的平均阅读率较高，为 48%，而 B 报只有 30%；两份报纸平均广告价格相差不多。进一步分析数据，高收入男性对 B 报的阅读率是 35%，对 A 报的阅读率是 20%。请分析该厂商应选择哪份报纸，为什么？

实操训练 8-5

选择一个你认为大家都没有看过的广告，运用消费者评分法或是雪林测定法进行广告心理效果事前测定。

实操训练 8-6

选择一个你感兴趣的产品，对其所投放的任意一个广告进行广告心理效果事后测定，可以是打分量表，也可是一份调查问卷，并对调查的数据进行统计。

8.1.3　广告策划经济效果测定

广告经济效果测定，主要是利用统计分析方法，对一定的广告投入所带来的销售额、利润额（基础指标）的增减变化进行比较研究，以反映广告的经济效果。

（一）广告费用比率法

为测定每单位销售额所支付的广告费用，可以采用广告费用比率这一相对指标，它表明广告费支出与销售额之间的对比关系。

广告费用比率＝（本期广告费用总额/本期广告后销售总额）×100%

（二）单位广告费用销售率法

为测定每单位费用能带来多少销售额，可以采用广告费用销售率法这一相对指标，它表明销售额与广告费支出之间的对比关系。

单位广告费用销售增加率＝（本期广告销售总额/本期广告费用总额）×100%

（三）广告费用利润率法

广告费用利润率＝（本期广告费用总额/本期广告后利润总额增加额）×100%

（四）单位广告费用销售增加率法

单位广告费用销售增加率＝（本期广告后销售额－本期广告前的销售额/
本期广告费用总额）×100%

（五）市场占有率法

市场占有率是指某品牌产品在一定时期，一定市场上的销售额占同类产品销售总额的比例，计算公式有 3 类，如下所示。

$$市场占有率 = \frac{某品牌产品销售额}{同类产品销售总额} \times 100\%$$

$$市场占有提高率 = \frac{广告费用销售增加额}{同类产品销售总额} \times 100\%$$

$$市场扩大率 = \frac{本期广告后的市场占有率}{本期广告前的市场占有率} \times 100\%$$

（六）声音占有率法

这种方法主要用来评价广告开支是否有效地进行了合理的分配。声音占有率是指某品牌产品在某种媒体上，在一定时间内的广告费用占同行业同类产品广告费用总额的比例。

美国广告专家派克·汉研究了几种产品消费的若干年的声音占有率与市场占有率之间的关系，发现老产品的这一比例为 1：1，新产品的比例为 1.5：1.0～2.0：1.0。广告有效率等于市场占有率与声音占有率之比，计算公式如下所示。

$$广告有效率 = \frac{市场占有率}{声音占有率} \times 100\%$$

通常情况下，该数值越大越好，它能反映企业在广告投放上是否分配合理。当然，新成立的公司该数据会偏低，行业内的大企业往往数值较高。例如，A、B、C这3家公司在某段时间的广告费用、声音占有率、市场占有率的情况，如表8-3所示。

表8-3　A、B、C公司的相关数据

公司名称	广告费用	声音占有率	市场占有率	广告有效率
A公司	200万元	57.1%	40.0%	70.1%
B公司	100万元	28.6%	28.6%	100%
C公司	50万元	14.3%	31.4%	219.6%

从上表可以看出，A公司花费200万元，因而其声音占有率为57.1%，但其市场占有率只有40%。用声音占有率除市场占有率，得出广告有效率为70%，这说明A公司广告开支过多或分配不合理。

B公司的声音占有率为28.6%，并且有28.6%的市场占有率，这说明B公司的广告有效率一般。

C公司的声音占有率为14.3%，然而得到31.4%的市场占有率，说明该公司的广告效果非常好，也许其应该增加广告费用，扩大广告规模。

（七）广告效果指数法

广告效果指数法（Advertising Effectiveness Index，AEI）是通过对看过和没看过广告的消费者进行对比来发现广告的实际经济效果好坏，该种方法能较好地识别广告的真实经济效果。具体做法是，在广告刊播之后，广告经营者对部分媒体受众进行调查。调查的问题有两个，一个是是否看过该广告，另一个是是否购买了广告宣传中的产品，如表8-4所示。

表8-4　AEI法计算表格

项目	看过某则广告	未看过某则广告	合计人数
购买广告产品的人数	A	B	A+B
未买广告产品的人数	C	D	C+D
合计人数	A+C	B+D	N=A+B+C+D

图中，A、B、C、D分别表示为：

A=看过广告且购买广告产品的人数；

B=未看过广告而购买广告产品的人数；

C=看过广告而未购买广告产品的人数；

D=未看过广告且未购买广告产品的人数；

则 $AEI=(1/N)[A-(A+C)\times(B/(B+D))]\times100\%$，该数值越大越好。

例如，某糖果生产企业为自己的同一系列产品进行第一次电视广告宣传，经过调查，获得有关资料，如表8-5所示。

表 8-5 某品牌糖果生产企业的第一次广告宣传 单位：人

项目	看过某则广告	未看过某广告	合计人数
购买广告产品的人数	50	28	78
未买广告产品的人数	70	92	162
合计人数	120	120	240

则通过计算，第一次投放广告后的 AEI=(1/240)×[50-(50+70)×(28/(28+92))]×100%=9.17%。

该企业为自己的同一系列产品进行第二次电视广告宣传，经过调查，获得有关资料，如表 8-6 所示。

表 8-6 某品牌糖果生产企业的第二次广告宣传 单位：人

项目	看过某则广告	未看过某广告	合计人数
购买广告产品的人数	60	18	78
未买广告产品的人数	55	107	162
合计人数	115	125	240

通过计算，则第二次的 AEI=(1/240)×[60-(60+55)×(18/(18+107))]×100%=18.10%。

从再次计算结果可以看出，第一次广告效果指数为 9.17%，第二次广告效果指数为 18.10%，第二次比第一次提高了 8.93 个百分点。

如果两次广告媒体选择、播放时间、广告预算总额相等，那么就说明第二次广告策划明显好于第一次。因此，有必要对第一次广告策划进行策略性调整和修改。

实操训练 8-7

一家企业在电视媒介上投放广告，总的广告费用为 100 万元。广告播出后半年，企业收入为 1000 万元，则该企业的这则广告费用比率是多少？

实操训练 8-8

一家企业在电视媒介上投放广告，总的广告费用为 100 万元。广告播出半年后，企业收入较广告播出前半年增加 1000 万元，对应的生产成本增加 500 万元，则该企业的这则广告费用利润率是多少？

实操训练 8-9

一家企业在进行广告投放前一年，销售额为 300 万元。在某电视媒介上投入 50 万广告之后，产生较好效果，销售额猛增 200%。问该家企业单位广告费用销售增加率是多少？

实操训练 8-10

通过以上的 AEI 法案例学习，你认为此种方法存在哪些问题？如何进行改进？

8.1.4 广告策划社会效果测定

广告宣传的社会效果是指广告刊播以后对社会政治、文化、伦理等方面的影响。这种影响不是广告活动本身所要达到的目的，却是广告活动所带来的必然产物。它有正面的影响，也有负面的影响。广告社会效果的测定就是对这种影响的测定。负面的广告对社会危害性较大，如图 8-1 所示。

图 8-1 虚假广告漫画

（一）广告社会效果测定的内容

1. 真实性

广告所传达的信息内容必须真实，这是测定广告社会效果的基本要求。广告发挥影响和作用，应该建立在真实的基础上，向目标消费者实事求是地诉求企业和产品（劳务）的有关信息，企业的经营状况、产品（劳务）的功效性能等，都要符合事实的原貌，不能虚假、误导。广告诉求的内容如果造假，那所产生的社会影响将是非常恶劣的。真实的广告，既是经济发展、社会进步的再现，也体现了高尚的社会风尚和道德情操。所以，检测广告的真实性，是考察广告社会效果的最重要的内容。

2. 法规政策

广告必须符合国家和政府各种法规政策的规定和要求。以广告法规来加强对广告活动的管理，确保广告活动在正常有序的轨道上运行，是世界各国通行的做法。法规管理和制约，具有权威性、规范性、概括性和强制性的特点。我国于 1995 年 2 月 1 日开始实施的《广告法》是适用于我国广告领域最具权威的专门法律，此法于 2015 年进行了修订。

3. 伦理道德

广告传递的内容及所采用的形式，也要符合伦理道德标准。符合社会规范的广告也应是符合道德规范的广告。一则广告即使合法属实，但可能给社会带来负面的影响，给消费者造成心理或生理上的损害，这样的广告就不符合道德规范的要求。要能从建设社会精神文明的高度来认识广告，从有利于净化社会环境、有益于人们的身心健康的标准来衡量广告。

4. 文化艺术

总的来看，广告应该对社会文化产生积极的促进作用，推动艺术创新。广告活动也是一种创作活动，广告作品实际上是文化和艺术的结晶。由于各种因素的影响，不同的地区、民族所体现的文化特征、风俗习惯、风土人情、价值观念等会有差异，因而广告测评也有着不同的评判标准。在我国，要看广告诉求内容和表现形式能否有机统一；要看能否继承和弘扬民族文化、体现民族特色、尊重民族习惯等；要看所运用的艺术手段和方法是否有助于文化建设，如语言、画面、图像、文字等表现要素是否健康、高雅，摒弃一切低俗的东西；同时也要看能否科学、合理地吸收、借鉴国外先进的创作方法和表现形式。

（二）广告社会效果测定的方法

（1）事前测定

该方法一般在广告发布之前进行，主要是邀请专家学者、消费者代表（意见领袖）等，从法规、道德、文化等方面，对即将推出的广告可能产生的社会影响做出预测评析，包括广告的诉求内容、表现手法、表达方式、语言等，综合有关意见和建议，发现问题及时修正。

（2）事中测定

事中测定是指在广告传播期间，及时监测广告活动对社会的影响。尤其是在如今的新媒体时代，资讯快速传播，社会舆情对广告内容会有正面和负面的反馈。因此要充分利用微博、微信、抖音等新媒体工具展开广告活动的舆情监控，以达到扩大正面效应，消除负面效应的目的。

（3）事后测定

该方法在广告发布之后进行，可采用回函、访问、问卷调查等方法，及时收集整理广大消费者的意见，分析研究社会公众对广告的态度、看法等，据此了解广告的社会影响程度。

实操训练 8-11

请查阅某些商业广告，对可能违反《广告法》的广告内容进行分析，指出可能违反了《广告法》中的哪条规定，并提出完善意见。

8.2 广告策划效果的反馈

8.2.1 广告策划效果的内涵

（一）广告策划效果反馈的概念

广告策划效果的反馈是整个广告策划活动评估的最后一环，是在对广告活动过程的分析、评价基础上形成的书面文字内容。反馈包括广告人为实现广告目标，进行广告活动所撰写的调查计划、调查分析报告，以及向上级部门或是广告主反馈广告活动是否取得了预期效果的行为。

（二）广告策划效果测定的方法

1. 广告活动事前测定

所谓事前测定是指在广告活动正式发布之前，对广告战略步骤、广告作品和广告媒体组合进行评价，预测广告活动实施以后会产生怎样的效果。事前测定的具体内容涉及产品调查、市场调查、消费者调查、媒体调查及广告信息在传播过程中可能引起的消费者的反应。事前测定主要有对广告策划的测定、对广告创意的测定、对广告作品的测定和对广告媒体传播时机与组合策略等的测定。

2. 广告活动事中测定

事中测定是指广告正式发布后直到整个广告活动结束之前的广告效果测定，其内容主要是对广告成品和广告媒介组合进行测定，其目的是为事后测定和评估积累必要的资料和数据。

3. 广告活动事后测定

事后测定是指对广告活动做出全面评估，其目的一是评价广告活动的成绩，广告费用与广告收益是否合理；二是评价广告策略的成败得失，为新的广告活动提供依据。由于广告效果的滞后性，对广告效果的事后测定既不能太早也不能太迟，要注意评估的时机选择。事后测定主要有广告接触效果测定、广告销售效果测定和广告心理效果测定等。

（三）广告策划效果反馈的方法

1. 观察体验法

这是一种信息反馈迅速的评估方法，一般由广告公司或是广告主的领导人或有关部门的负责人亲自参加广告策划活动，现场了解广告策划工作的进展情况，直接观察、估计其效果，并当场提出广告策划活动的改进意见。

2. 目标管理法

这是利用广告策划目标测评广告策划活动效果的一种方法。确定广告策划目标时，把抽象的目标概念具体化，编制若干个具体的要求。当广告策划活动结束后，将测量到的结果与原定的目标和要求相对照，就能够衡量出广告策划活动的效果。

3．民意调查法

这是一种通过调查公众态度和市场经营环境的变化来测评广告策划活动效果的方法。

4．新闻分析法

这种方法通过观察、分析新闻媒介对社会组织的报道情况，测量广告策划活动效果。

5．参照评估法

这是一种以其他社会组织的广告策划活动为参照标准，通过比较来分析广告策划活动效果的评估方法。其具体做法是：先全面收集本社会组织和其他社会组织广告策划活动方面的数量资料和质量资料，然后进行对比，在比较中进行评估。这种方法不仅方便实用，而且还能在比较中学习其他社会组织的新鲜经验，改进广告策划的工作。

6．专家评估法

这是一种邀请广告专家测评广告活动效果的方法。由于这些专家广告策划工作经验丰富，他们的测评结论一般比较公正、准确。

（四）广告策划效果反馈的作用

广告主在一个广告上往往要投入大量的资金，所以对于广告所能带来的效果必然重视。广告策划效果调查一方面是检查广告进展中的效果，如果效果不好可以及时止损，或是播出中间出现问题可以及时解决；另一方面也是说服广告主其所投入的广告费用是值得的，以使广告公司顺利获得广告代理费用和服务费用。

8.2.2　广告策划效果调查计划的写作

（一）标题

标题的格式一般为"名称+有效期+种类"，例如"北京市新宇广告公司 2022 年度媒体广告效果调查计划"。

（二）正文

（1）简短的前言。

（2）目的和任务。

（3）其他事项。

（4）日期：制订计划的日期。

8.2.3 广告策划效果调查报告

（一）调查报告写作的特点

1. 针对性

广告策划效果调查报告具有一次性的特点，即针对正在进行的或是已结束的广告开展调查，仅仅是对该次广告策划的相关效果进行调查，与品牌或产品的其他方面不相关。

2. 科学性

调查报告必须严格按照相应的撰写格式，所得到的结论必须来源于调研的数据或是有权威性的二手资料。作为给上级部门做参考的重要资源，报告中的结论、建议也必须在客观的数据基础上通过一定的逻辑做出。

3. 时效性

调研报告必须要在最短的时间内完成，以方便在广告刊播过程中及时进行相应的修改和调整，避免不必要的损失。同时也可以及时向广告主进行反馈，树立广告公司效率高的形象。

（二）写作格式

广告效果的调查分析报告因为涉及各行各业，所以内容不一，重点各有不同，在书写格式和侧重点上也就存在一些差异，下面进行简单介绍。

1. 调查对象

也就是调查群体，通俗地讲就是广告的目标群体。

2. 调查目的

广告类的调查问卷一般都是为了检验广告的效果如何，要把调查的目的交代清楚。

3. 资料收集的方法和调查方法的情况

要说明调查的经过，相关资料的收集情况，调查的简要步骤和调查的方式。

4. 样本分析

说明问卷的发放情况，如此次调查共发放问卷 100 份，收回 98 份，其中男性 52 份，女性 46 份，有效率为 100%。

5. 调查数据统计

这一部分要根据调查问卷的问题设计进行具体统计，统计过程中要做到客观实际，有理有据，对存在的问题不要回避。如关于这则广告是否明确表达了这一特点，有 48 人认为很明了，有 32 人认为明了，还有 18 人认为不明了；从数据中我们可以看出，这则广告的主题表达不够明确，50%左右的人还不能对表达的主题有深刻的理解。

6. 调查结果分析

分析的过程中，首先要对分析使用的方法进行简要说明，以提高可信度。其次要善于从数据的背后发现问题、找出规律。例如，通过上述调查我们发现，这则广告对于主题表达还不够明确，为此要加强改进；另外，在创意方面还要加强，还停留在低层次的水平上，震撼力不够；在元素选择方面，21%的人认为元素的选择不合适，表明这还存在很大的提升空间；从侧面也说明了消费者的审美观点已经发生了相对的变化，我们在准确把握审美观点方面还有待加强。在具体的内容方面，要结合 8.1 节所述的广告效果的 3 个方面进行总结。

（三）案例：××品牌广告心理效果调查报告

1. 前言

××品牌的这则广告很好地体现了"××"的核心创意诉求，它运用非常感性的表现手法，广告整体色调使用浪漫的桃红色，给人很温暖的感觉。但不同消费者对这则广告的看法肯定会有所不同，所以进行此次广告效果评估的目的就是更确切地检测××品牌的广告效果。

此次调查的主要过程：走访××学院，统计问卷数据，然后进行调查分析与研究。全程历时一周。

调查方法：课题组成员与被访者进行面对面访谈并填写调查问卷。

2. 调查结果及分析

（1）广告的传播效果

下面将从到达率、记忆率、品牌识别率 3 个方面的调查数据来分析研究这则广告的传播效果。

到达率是检测一则广告传播效果的首要条件和前提。在这次调查中，有 3%的无效问卷，30%的人没有看到过这则广告，30%的人略微有印象但没太注意，其余 37%的人看到过这则广告。也就是说，这则广告的完全到达率只有 37%。

记忆率在这里是指被访消费者对这则广告的短期记忆，短期记忆可以很快反映出一则广告作品的闪光之处。在这次调查中，消费者对广告标题的记忆率高达 70%，其次是广告的表现吉祥物，占 20%，其他的占 10%。

品牌识别率方面，能识别出产品类别的消费者基本上都可以识别出品牌名称。调查结果显示，能识别出品牌名称的消费者占总调查人数的 56%，而能识别出产品类别的消费者占 62%，其余则为识别错误或模糊识别。

对这则广告的到达率与记忆率综合分析可以发现，广告的到达率较低但记忆率较高，这说明这则广告作品本身还是比较成功的，尤其人性化的广告标题与拟人化的表现手法征服了人们的眼球与记忆。存在问题的可能是广告的发布媒介和发布时间，没能保证广告作品与人们"见面"。

品牌识别率与品类识别率相近，这说明××在该品类市场上已经有了较高的知名度。

但还是有一定数量的人对其模糊识别或识别错误，这也说明了这则广告作品对具有自身品牌识别的表现要素还把握得不够。

（2）消费者对广告的理解效果

一个广告作品如何才能长久地发挥自身的价值与作用？那就是广告中好的创意诉求被人所理解与消化。一个晦涩难懂或是容易引起歧义的广告即使记忆率再高也是没有用的，广告效果甚至会适得其反。

而××这则广告在这次调查中充分显示了它的成功，认为这则广告容易理解的消费者占到90%，并且都能理解正确；认为它对塑造品牌形象有益的消费者占85%，只有极少数认为该广告表现一般。这就说明了这则广告作为××对自身品牌的长期投资是明智的，这则广告会为××品牌形象的提升做出不凡的贡献。

（3）广告对消费者产生的影响

广告的最终目的是影响消费者，使消费者看到广告后改善对本品牌的认识与态度。当调查消费者在看到广告之前对××有什么印象时，有70%的消费者说不上来有什么具体的印象，30%的消费者含含糊糊地说出几个比较空洞的形容，如好香、名字好听。然而在问看过这则广告之后对××的印象有无变化时，有高达70%的人都说印象变好了，感觉××温馨、浪漫。更可喜的是，有51%的人表示这则广告刺激了他们尝试欲望，想进一步了解或购买。由此看来，这则广告很成功地达到了目的。

3. 建议

××的这则广告是以创意取胜的，但也存在一些不足。在画面色彩方面，粉色背景过于女性化，容易使人产生歧义，误以为××是给女性使用的，这可能会损失男性这一庞大的消费群体。另外，画面构图太偏左下角，显得不够大气。

实操训练 8-12

选择一个正在媒体上进行投放的广告，设计调查问卷（主要围绕心理效果测定进行设计）、调研方案，并撰写调研报告。

单元9

广告策划方案撰写

知识目标

了解广告策划方案的结构。

熟悉广告策划方案撰写流程。

技能目标

能够撰写广告策划方案。

能够熟练地进行广告策划方案格式排版。

素养目标

了解文案写作抄袭的危害性，加强广告策划方案撰写的原创性教育，提高文案撰写人员的职业操守。

不断提升广告策划方案撰写水平。

9.1 广告策划方案结构

9.1.1 广告策划方案的类型

广告策划方案是为实现预定广告策划目标而撰写的方案，根据广告策划目标，方案可分为以下两种。

1. 综合型的广告策划方案

综合型的广告策划方案内容丰富、结构完整、系统性强，如"××产品华东市场广告策划方案"，该方案内容较多，涉及市场调研、市场宏观和微观环境分析、消费者分析、竞争对手分析、广告策略制定、广告媒体策略、广告执行计划、广告预算及效果预测等内容。该方案一般适合于大型企业的某类产品广告推广，广告投放时间较长（一般在半年以上），广告媒体组合多样，广告费用金额巨大，对广告策划方案撰写人员要求很高，要求撰写人员对该产品所处的行业非常熟悉，了解目标消费者的消费行为特征，对广告媒体特点熟悉，能够合理地进行媒体组合投放，有较强的创意力，有明确的战略思路和统筹能力。

2. 专题型的广告策划方案

专题型的广告策划方案一般是针对某个具体市场，或选择某个专题进行撰写，如"××产品上海市场品牌推广策划案""××产品××城市高校大学生市场广告传播策划案""××产品××城市新媒体广告传播策划案""××产品××市场/××店促销广告策划案""××产品××市场××节/周年/店庆等广告策划案"等；也可以根据广告需要，撰写活动类的广告策划方案，如"××展会、庆祝会、推介会"等；也可以以产品品牌赞助的娱乐方式进行撰写，如"××杯××市首届大学生投篮大赛"等。该广告策划方案目的性强、内容聚焦，涉及市场调研、产品及竞争对手分析、消费者对产品的需求分析、消费者对广告媒体的喜好分析、广告创意、活动设计、广告媒体选择和推广计划、广告费用预算及效果预测等内容。该方案一般适合于中小企业的某类产品广告推广，或新店开业广告宣传，广告推广时间较短，一般在数日至数月；广告媒体组合较简单，一般是采用一种或两三种媒体进行推广；广告费用金额不高；对撰写人员要求一般，要求撰写人员熟悉该产品及竞争产品的特点，熟悉目标消费者对产品和广告的偏好，具有较高的创意能力，活动设计和组织能力，了解广告媒体的运作流程。

9.1.2 广告策划方案的结构

广告策划方案的结构没有非常严格的要求，只要逻辑清楚、思路明确即可。

按照广告策划方案完整的结构和顺序，方案结构一般主要有封面、摘要、目录、正文、附录、参考文献、致谢等几个部分。下面以"样例：××产品北京市场广告策划案"

为例，介绍广告策划方案正文部分的一般结构。

<h3 style="text-align:center">样例：××产品北京市场广告策划案</h3>

一、广告策划背景

主要介绍本次广告策划方案的相关背景情况，以及广告策划目标、市场价值和意义。也就是说，该产品目前所处的市场竞争状况如何？企业遇到了什么经营困境？通过本次广告策划要实现怎样的目标？广告具有怎样的市场价值和意义。需要注意的是，本广告策划案是围绕"北京市场"进行撰写的，因此，在市场调研、市场环境分析、竞争者分析等内容中，要重点针对目标市场"北京市场"进行阐述。

二、市场环境分析

市场环境分析是基于市场调研进行的，市场调研包括两种方式：第一种是利用已有的文献资料进行市场调研，通常被称为"二手资料调研法"，如企业官方网站、该产品所在的行业协会或其他相关专业网站、数字资源（如中国知网）、统计局网站等所发布的与产品销量、消费者需求、广告投入金额等相关的资料；第二种是通过问卷法、观察法、面访法、实验法等方式进行市场调研，该调研属于一手资料调研，一般调研时间较长，需要一定数量的调研人员，且要对调研人员进行调研技巧培训，以确保调研过程的规范性和调研质量。

市场调研报告可以作为附件放在广告策划方案附录中，广告策划方案正文可以根据市场分析需要摘录部分调研内容放在策划案相应的地方，作为市场分析判断的依据，以提高市场分析的说服力。

（一）宏观环境分析

1. 政策环境。与该产品行业相关的法律法规、政府或行业的政策，尤其是与该产品相关的广告法规等制度管理文件。

2. 经济环境。该市场消费人群的人均 GDP、经济增长率、人均收入水平、通货膨胀率等情况。

3. 社会文化环境。该市场消费人群的语言、民族、价值观念、风俗习惯、社会阶层分布、消费观念等情况。

4. 技术环境。与该产品相关的技术水平、技术迭代情况、科技投入、技术引进、技术合作、发明创造等情况。

5. 人口环境。该市场消费人群的人口数量、年龄结构、性别结构、家庭规模、地理分布和人口密度等情况

6. 自然地理环境。该市场所处的地理位置、面积、地形、气候、自然资源条件、交通运输条件等情况。

（二）市场状况分析

1. 市场的规模分析。该产品市场的销售额、市场容量、消费者数量和总消费量，

以及在过去一段时间（如半年内）的市场规模变化情况、市场发展趋势等，重点介绍目标市场即北京市场的规模变化情况。

2. 市场构成情况。该产品市场的主要竞争品牌及其各自所占的市场份额，以及市场品牌的变化趋势等情况。

3. 市场特点表现。如该产品是否有季节性消费特点，是否有地域特色消费习惯等情况。

（三）企业产品分析

1. 企业经营情况分析。企业自身资源情况、消费者对企业的认知情况、市场占有率和销售变化等情况。

2. 企业产品情况分析。该产品的品类、性能、质量、价格、外观和包装、生产工艺、产品生命周期、品牌形象等情况。

3. 企业产品广告策略分析。该产品已经采取的广告活动、广告策略（如定位策略、诉求策略、媒体策略）和广告表现等情况。

（四）主要竞争者分析

1. 竞争者经营情况分析。竞争者的资源情况、消费者对竞争者的认知情况、市场占有率、竞争者广告投放情况和产品销售情况等。

2. 竞争产品情况分析。该产品的品种系列、性能、质量、价格、外观和包装、生产工艺、生命周期分析、品牌形象等情况。

3. 竞争产品广告策略。竞争者已经采取的广告活动、广告策略（如定位策略、诉求策略、媒体策略）和广告表现等方面。

（五）目标消费者分析

1. 消费者在人口统计方面的特征。如人口规模、分布情况、密度、年龄结构、性别结构、职业结构、受教育程度等情况。

2. 消费者的购买力水平。如可支配收入、消费水平、消费结构等情况。

3. 消费者的购买行为。如购买动机、类型、过程、时机、方式、时间、频率、数量、地点、态度等情况。

4. 消费者的偏好。如消费者偏好的品牌、包装、零售商、价格档次、促销策略类型等情况。

三、SWOT 分析

（一）优势分析

优势分析是从企业（产品）自身角度来分析，一般表现在良好的竞争态势、充足的资金实力、良好的品牌形象、过硬的技术水平、优良的产品质量和良好的广告口碑等方面。

（二）劣势分析

劣势分析也是从企业（产品）自身角度来分析，一般表现在设备老化、管理混乱、技术落后、资金实力较弱、广告口碑不好等方面。

（三）机会分析

机会分析是从企业（产品）外部环境角度来分析，一般表现在市场中出现了新的需求、某相关行业或市场壁垒解除、相关部门出台了利好政策、竞争对手经营失误等方面。

（四）威胁分析

威胁分析也是从企业（产品）外部环境角度来分析，一般表现在替代产品增多、市场需求降低、行业政策不利变化、消费者偏好改变、相关的突发事件等方面。

根据上述分析进行总结，总体思想是扬长避短，将市场机会与企业（产品）优势相结合，作为广告策划的重要突破口。

四、广告目标

（一）销售目标。如市场占有率、销售量等具体数据指标。

（二）财务目标。如销售额、销售收入或销售利润等具体数据指标。

（三）品牌目标。如品牌知名度、美誉度等数据指标。

五、广告策略

广告策略是广告策划案的核心内容，主要包括以下内容。

（一）广告定位策略

广告定位是在市场定位、产品定位、品牌定位等基础上进行设计的，广告作为产品宣传的一种方式，在确定广告定位之前，必须清楚目标消费者是谁，消费者的需求特征是什么，必须了解产品及竞争对手产品的特征，品牌（形象）现状等情况。广告定位策略主要有抢先定位策略、品质定位策略、比附定位策略等多种定位策略，详见单元四。

（二）广告诉求策略

1. 广告诉求对象。要非常清楚地确定广告诉求对象是谁，广告诉求对象的人群属性特点等情况。

2. 广告诉求策略。广告诉求策略是围绕广告目标、目标市场、产品定位去解决诉求点是什么的问题，也就是确定用什么来诉说。是采用企业形象诉求，还是品牌形象诉求？是利益诉求，还是情感诉求？是针锋相对的竞争性诉求，还是迂回诉求？是用名人代言诉求，还是产品实证法诉求？明确了这些，才能真正解决广告诉说什么及为什么这么诉说的问题。

（三）广告创意表现策略

1. 广告主题。广告主题可以采用统一的广告主题进行宣传，也可以采用核心广告主题+具体子主题进行宣传。广告主题提炼是难点也是重点，需要反复思考和修正，要综合考虑产品特色、卖点、消费者心理需求等诸多因素。

2. 广告创意。广告创意要根据市场、产品、消费者等多方面的情况，参考广告目标的要求，把广告传播内容变成消费者易于接受的内容，用艺术形象影响和吸引消费者的构思。广告创意应该由"概念的提炼"到"主题的升华"，广告创意是广告策划方案核心的体现，也是广告策划方案最具价值的体现。

3. 广告表现。广告表现就是根据广告媒体的传播特点，将广告的主题意念、创意构想，充分运用语言、文字、音乐、图片等形式传递表现出来的过程。广告表现策略是指用语言和非语言形式把广告创意反映在广告作品中的诉求方式。通常认为的广告表现策略有 3 种：理性广告表现策略、感性广告表现策略、情理交融的广告表现策略。

（四）广告媒体策略

1. 媒体选择及依据。广告表现的传播要借助各类媒体，根据广告需要、经费预算、消费者接触媒体习惯等综合考虑选择合适的广告媒体，并说明选择依据。

2. 媒体组合策略。考虑清楚如何进行媒体组合，以哪种媒体投入宣传为主，或采用分阶段的媒体交替方式进行宣传，总之要说明清楚媒体组合的具体安排。

六、广告执行计划

广告执行计划是广告策划案的重点内容，也是广告推广活动执行的依据，计划要合理，要具体，主要包括以下内容。

（一）广告发布具体时间、频率等安排。可以根据不同的媒体，分别详细地制定广告发布的具体时间（具体到每天的几点几分开始与结束）、频率（具体到每周或每天推广次数）等。

（二）媒体组合的安排。通常以表格形式（或者以甘特图的形式）将所有的媒体广告发布计划罗列出来，方便对比查看不同媒体的广告推广安排。

七、广告费用预算

（一）平面广告费用预算。根据广告执行计划，对平面广告预算进行具体统计核算，详细描述广告费用开支情况，如海报印刷 1000 张，每周张贴 1 次，每次张贴 100 张，每次张贴人员共需 5 人等具体数据要描述清楚。此外，海报的制作费用、张贴费用、交通费用等也都要罗列清楚、统计准确。

（二）网络广告费用预算。这些广告费用预算也要非常详细地记录发布的起止日期、发布频次等数据，以及制作费用、广告载体相关费用等。

（三）其他广告费用预算。除平面广告、网络广告之外的其他形式的广告费用预算情况，如线下品牌活动推广，需要详细记录场地租赁费用、演员和服务人员工资、物料相关费用等具体费用预算。

八、广告效果预测

狭义的广告策划效果是指广告所获得的经济效益，即广告传播促进产品销售的增加程度，也就是广告带来的销售效果。广义的广告策划效果则是指广告活动目的的实现程度，是广告信息在传播过程中所引起的直接或间接变化的总和，它包括广告的经济效益，心理效益和社会效益，具体详见单元八。

实操训练 9-1

请各位同学选择一种自己熟悉的生活用品，以所在城市为广告策划目标市场，撰写"××（产品）××（城市）市场广告策划案"。

9.2　广告策划方案撰写流程及要求

9.2.1　拟定广告策划方案撰写流程计划

撰写广告策划方案前，首先根据广告目标等内容拟定撰写计划，步骤如下。

（1）选题。具体是指选定哪个产品进行广告策划方案撰写，并设计好广告策划方案的名称。

（2）产品信息资料收集。选定产品后，要全面、系统地了解该产品、竞争者产品及行业发展的信息，熟悉产品的性能、功能、使用方法、工艺、销量等信息，同时调查了解该产品相关的政策、发展趋势、消费需求偏好、产品广告创意与投放情况等信息。

（3）研究产品购买者和使用者的初步评价情况。借助已有文献资料（特别是天猫、京东、美团等网购平台的评价信息），初步了解购买者和使用者对该产品的评价情况。

（4）总结分析该产品与竞争产品的差异性。总结该产品的消费者评价情况、竞争差异等，确定此次广告策划方案的广告目标。

（5）根据产品特色（与竞争产品相比）和消费者需求，初步构思广告诉求内容。

（6）初步构思运用何种媒体进行广告宣传推广，并充分了解目标消费者经常接触的媒体类型及频率等情况。

（7）根据该产品的企业实力及广告目标，结合广告推广时间段，预算广告推广费用金额。

（8）确定调研方式，并设计调研具体实施方案，开始搜集相关信息。

（9）按照广告策划方案撰写结构，依次查找资料并进行撰写。

实操训练 9-2

请以所在城市的大学生市场为例，撰写一份"××产品××城市大学生市场广告策划案的拟定撰写计划"。

9.2.2 广告策划方案撰写要求

（一）选题

根据某产品及广告目标，提炼广告策划方案选题名称，如"××产品××城市市场品牌推广策划案""××产品××城市××周年店庆广告宣传策划案"等。

（二）封面

广告策划方案封面相当于名片，是将广告策划方案呈现给阅读者的第一印象，因此，封面信息要完整，而且尽可能设计美观（图文并茂、字体大小合适）。封面内容自上而下一般包括策划案名称、产品图片、委托单位与被委托单位名称、撰写人员姓名、撰写时间。

（三）摘要

摘要顾名思义就是摘录文中重要的要点，又称为概要或内容提要，一般在正文撰写结束后再写摘要。摘要的内容一般包括策划方案的市场背景（简明扼要的介绍）、撰写目的、广告目标、广告创意和广告推广建议等。摘要的作用是方便阅读者快速了解策划案的核心内容，熟悉策划案的总体情况。摘要一般控制在一页，关键词为3～6个。

（四）目录

目录是广告策划方案的基本结构展现，是判断广告策划方案结构是否合理、思路是否明确的重要依据。目录一般包括正文、附录、参考文献、致谢等部分，其中正文是目录的重要组成部分，通常设置到二级标题或三级标题。根据需要，可以增加设置图目录和表目录。

（五）正文

广告策划方案正文是策划方案的核心部分，一般要求章节设计合理，逻辑关系清晰，图文并茂，用词规范，语句通顺，图表制作规范，数据分析准确。引用他人的数据或内容应备注清楚文献资料来源。

（六）附录

附录是正文的附加说明或附加材料，一般包括调研问卷、访谈大纲、调研报告、数据图表等内容。

（七）参考文献

参考文献是指在广告策划撰写过程中所参阅过的相关资料，一般包括图书、期刊、报纸、网站等文献资料。一般要求所参阅的文献资料是最近 2 年内的信息，特别是最近 1 年内的信息。参考文献数量一般不低于 10 个（20 个左右为宜）。

（八）致谢

致谢一般是感谢老师、同学、家人和相关支持单位（如某企业提供了相关资料或协助工作等）而写的感言，控制在 1～2 页。

9.2.3　广告策划方案提交资料及要求

广告策划方案提交资料包括纸质版和电子版，具体要求如下。

（一）纸质版材料

（1）调查方案 1 份。

（2）广告策划方案 1 份（含附录中的调查问卷和调查报告）。

（3）广告策划方案查重报告 1 份（如果广告策划方案作为毕业论文或大赛参赛作品，策划案查重率一般不高于 30%）。

（二）电子版材料（Word 和 PDF 版本各 1 份）

（1）调查方案 1 份。

（2）广告策划方案 1 份（含附录中的调查问卷和调查报告）。

（3）广告策划方案查重报告 1 份。

（4）调研照片不低于问卷数量的 50%，调查访谈视频不少于 5 个。

（5）调研报告的问卷原始数据包 1 份（包括 Excel 或 SPSS 的原始数据汇总表 1 份，问卷编码登记表 1 份，样卷 1 份）。

 **延伸阅读**

广告策划方案格式规范

广告策划方案格式规范主要是对策划案排版格式进行要求，目的是保障策划方案页面美观，表达方式符合大众审美标准。本着简明、够用、美观、规范的要求，本书设计了广告策划方案格式规范，具体如下。

1. 策划方案题目。

策划方案题目的格式要求：居中，宋体、小三、加粗，段前段后各 1 倍行距。

2. 正文部分。

（1）一级标题。宋体、四号、加粗，段前段后各 0.5 倍行距。

（2）二级标题。宋体、小四、加粗，段前段后各 0.5 倍行距。

（3）三级标题。宋体、小四、加粗，段前段后各 0.5 倍行距。

（4）正文。宋体、小四、不加粗，单倍行距，段前段后为0倍行距。

（5）表格。表头必须在表格上方，居中，宋体、小四、加粗，段前段后各0.5倍行距；表格要有表号和表题，如"表1.1 性别统计"。表格采用"三线表"，即表格的最上横线和最下横线为1.5磅，其余横竖线为0.5磅。表格两边开口，表格第一行加粗，表格里的字体通常设置为5号宋体，居中。

（6）图。图的图题在图的下方居中，宋体、小四、加粗，段前段后各0.5倍行距；图在页面中居中设置，大小适合。

图和表的标题序号不得混合在一起进行编号，应分别编辑图和表的序号，如"表1.1××，图1.1××"，以此类推。

表格或图的显示应在同一页中，不能分割在两页中（除非某张表格或图太长了，一页放不下，可以分割在两页中）。

3．参考文献部分

"参考文献"4个字按照一级标题设置为：宋体、四号、加粗，段前段后各0.5倍行距，在页面中居中。

具体的参考文献内容按照正文格式设置为：宋体、小四、不加粗，左对齐空两格，单倍行距。

参考文献类型的样例如下所示。

[1] 张三．餐饮老字号品牌设计与广告创意[J]．管理世界，2022（2）：15-19.

[2] 张三．营销策划基础[M]．北京：高等教育出版社，2022.

[3] 张三．广告策划人才需求旺盛[N]．人民日报，2022-12-01.

[4] 张三．耿福兴老字号品牌推广[D]．安徽：安徽师范大学，2022.

[5] 某企业或产品官网：https://www.××××cn/.

4．其他部分

其他部分如附录、致谢等，可以参照参考文献的格式要求进行设计。

 素养园地

论文抄袭要承担什么法律责任？

2021年11月，针对舆论热议的某大学2016届软件工程硕士毕业生××学位论文涉嫌全文抄袭事件，某大学公布了核查说明，已撤销××硕士学位，取消其导师×××研究生指导教师资格。

根据《学位论文作假行为处理办法》的规定，学位申请人员的学位论文出现购买、由他人代写、剽窃或者伪造数据等作假情形的，学位授予单位可以取消其学位申请资格；已经获得学位的，学位授予单位可以依法撤销其学位，并注销学位证书。取消学位申请资格或者撤销学位的处理决定应当向社会公布。从做出处理决定之日起至少 3 年内，各学位授予单位不得再接受其学位申请。此外，根据《中华人民共和国著作权法》的规定，剽窃他人作品的应承担停止侵害、消除影响、赔礼道歉、赔偿损失等民事责任。

（资料来源：光明网，有删改）

单元
10

广告策划经典案例赏析

知识目标

理解案例的广告策划思路。

技能目标

能准确剖析广告策划案例中存在的问题或创新之处。

素养目标

对广告策划方案、创意活动等充满兴趣，善于总结案例中的特色做法，不断提升广告策划创意水平。

加深了解中国企业在广告策划中的优秀做法，见证中国企业不断创新与成长的历程，提高对我国企业发展实力的自豪感和自信心。

案例 1：中国国际进口博览会广告宣传案例

一、中国国际进口博览会的简介

2017 年 5 月，国家主席习近平在"一带一路"国际合作高峰论坛上宣布，中国将从 2018 年起举办中国国际进口博览会。截至 2024 年 11 月，中国已成功举办了七届中国国际进口博览会，进口博览会力求打造成国际一流的博览会，为各国开展贸易、加强合作开辟新渠道，促进世界经济和贸易共同繁荣，如图 10-1 所示。

图 10-1　中国国际进口博览会官网

二、中国国际进口博览会广告宣传片内容策划

2018 年，为致敬改革开放 40 周年，中国国际进口博览会精心拍摄《改变中国，影响世界的 40 年》广告宣传片。1978 年，我国人均国民总收入只有 200 美元。而 40 年后，我国已是全球第二大经济体、第一大工业国、第一大货物贸易国、第一大外汇储备国，农村贫困人口减少了 7.4 亿，居民人均可支配收入增长超过 22 倍，由低收入国家跨入中等偏上收入国家行列，如图 10-2 所示。

图 10-2　《改变中国，影响世界的 40 年》部分截图

图 10-2 《改变中国，影响世界的 40 年》部分截图（续）

《改变中国，影响世界的 40 年》广告宣传片向世界各国展示了中国的发展速度和发展成果，极大地提高了国外对中国发展成就的认可度，增强了其参加中国国际进口博览会的兴趣和信心。

三、中国国际进口博览会的广告宣传分析

（1）借助重大国际会议进行前期宣传。2017 年 5 月，"一带一路"国际合作高峰论坛中提到，中国将从 2018 年起举办中国国际进口博览会。

（2）制作了一系列举办地上海的形象宣传片。《这一刻，＿＿＿》系列宣传片，增强了世界消费者对上海的了解和期待感，如图 10-3 所示。

图 10-3 《这一刻，＿＿＿》系列宣传片部分截图

（3）制作了《40 年，中国与世界》《改变中国，影响世界的 40 年》等宣传片，极大地提高了中国国家形象，强调中国与世界的荣辱与共的关系。

（4）举办丰富多彩的志愿者活动及文明礼仪迎接博览会活动。文明礼仪迎接博览会活动展现了中国人的热情、文明和友善，给国外参展商留下了深刻的印象。

（5）配套活动丰富多彩，展现了博览会强大的组织和服务水平。以第二届博览会为例，博览会为参展者设置了众多的附加收益，如图 10-4 所示。

图 10-4 中国国际进口博览会服务相关内容

实操训练 10-1

根据中国国际进口博览会相关信息内容，思考以下问题。

1. 博览会的主题为"新时代，共享未来"，该主题强调了什么？

2. 国家形象宣传片《40年，中国与世界》，拍摄了数千万的中国企业及从业人员，这对博览会顺利举办有何积极影响？

3. 查找进口博览会相关资料，分析近届博览会在广告宣传时，与往届博览会相比新增了哪些媒体渠道？广告形式是怎样的？广告诉求的重点是什么？

案例2：美的赞助北京奥运会广告策划案例

一、认识美的

美的于1968年成立于中国广州；1980年抓住改革开放政策机会，进入家电行业；1985年进入空调行业，开始探索家电行业新品类；1992年进行股份制改革，次年美的电器在深交所上市，成为中国第一家由乡镇企业改组而成，并拥有现代管理体制的上市公司；1998年美的在安徽芜湖设立首个广东省以外的生产基地；2007年第一个海外基地在越南建成投产；2010年销售额超过1000亿元；2024年《财富》世界500强榜单发布，中国共有133家公司上榜，广东佛山企业美的集团连续9年上榜，排名第277位。美的集团2025年第一季度营业总收入1284亿元，同比增长20.6%，净利润127.5亿元，同比大幅增长41.1%，归母净利润124亿元，同比增长38.0%，净利率9.9%，同比提升1.4个百分点，展现美的强大的增长势能。

美的以"科技尽善，生活尽美"为企业愿景，将"联动人与万物，启迪美的世界"作为使命，每年为全球超过3亿消费者及各战略合作伙伴提供满意的产品和服务，致力创造美好生活。

1981年3月，美的注册"美的"商标，当时的核心业务是电风扇。随着业务的发展，美的的Logo也进行了重新调整，如图10-5所示。

图10-5　美的的Logo

二、分析奥运会项目特点，确定赞助对象

企业借助体育赛事开展的营销活动，不仅能吸引消费者的目光，达到提高销售额和利润的目标，还能使企业的宣传效果和品牌价值提升到较高的水平。2008年北京奥运会是品牌建设的重要战略契机，美的集团抓住奥运会赞助契机，进一步提升品牌影响力，加强"优雅时尚、知心关爱、创新活力"的品牌形象塑造。美的集团通过分析奥运会各个项目的特点，发现跳水和游泳这两项"水"上运动的特点（优雅、力量、速度、活力、创新）与美的品牌"优雅时尚、知心关爱、创新活力"有着较强的共同点和联动点。2007年4月23日，美的集团与国家体育总局游泳运动管理中心正式签约，美的集团成为游泳运动管理中心的主赞助商。

三、选择跳水队、游泳队和花样游泳队的理由

首先，中国跳水队一向具有"梦之队"的称号，已是世界级水平。美的集团经过40

多年的发展,是中国家电企业的领军者,成为中国白色家电行业的"梦之队"。美的集团和中国跳水队的结合是两个"梦之队"的合作,是名副其实的强强联合。

其次,跳水、游泳项目是极具观赏性的体育项目,运动员优雅、柔美、舒展的姿态能为无数观众带来美的享受,这与美的"年轻化、活力、时尚、优雅"的品牌形象匹配度较高,与美的集团"追求美的品质、营造美的生活"的理念相一致。

最后,跳水、游泳都是关注度极高的赛事,游泳项目在国内有着广泛的群众基础,而跳水项目更是奥运的夺金热门,是社会大众最瞩目、最期待的项目,能够为美的带来更多的"眼球效应"。

四、明确核心广告诉求语

跳水队、游泳队和花游队分别在水上、水面和水下 3 个不同层面活动,将这 3 个活动联系起来,整体上形成了"美丽的绽放"形象,给人带来绽放艺术之美和创新之美的视觉盛宴。美的集团运用品牌名称"美的"和"美丽的绽放"的"美"字作为联动点,最终确定了核心广告诉求语——"美的绽放"。

五、多媒体组合进行广告宣传

媒体组合由传统媒体、互动媒体、新媒体共同组成。

美的《绽放篇》在中国中央电视台和凤凰卫视等电视台黄金时段播放广告;在几大主流网络门户热门频道播放广告;在优酷热播剧插入强制贴片广告;还通过微信微博等自媒体平台进行广告传播。

同时,地铁电视、公交电视、楼宇电视等媒体也进行了广泛的传播。

六、巧设美的奥运特别专题——精彩回放与美的瞬间

美的集团选择了最有价值、最能实现传播目标的资源,即通过竞标获得了中国中央电视台奥运会决赛节目的广告套餐,打造美的奥运特别专题——"美的瞬间"。该专题在每天黄金时间播出,对当天最美的精彩镜头进行展示、回顾和点评。这种与央视栏目策划的深度合作形式为美的带来了极佳的广告传播效果。

"美的瞬间"一语双关,是极佳的广告策划。

七、积极开展线下广告宣传活动

(一)线下活动

美的将"国家游泳队、跳水队主赞助商"等信息融入了产品包装、终端物料、赠品、广告宣传上,制作出冠军形象的通用设计,并且开发了奥运冠军签名的"冠军中国"系列产品。

（二）路演活动

美的在 9 个城市启动大型"冠军水准，美的演绎"路演活动，路演现场分为历史区、祈福墙、游戏区、展示区等不同区域，消费者不仅能了解中国跳水队的辉煌历史，还能在祈福板上写下对中国跳水队的祝福，这让消费者产生很强烈的归属感和共鸣感，也更加贴近美的所倡导的"关爱、共同成长"的理念。

八、广告效果分析

北京奥运会结束后，第三方专业调研公司调研数据表明：35%的消费者认为，美的集团是北京奥运会的赞助商，这一比例远远高于一些赞助费用更高的赞助商；在消费者认为的"十大奥运赞助商"之中，美的名列第四。

借助冠军形象，美的的品牌实力得到消费者的认同；品牌"优雅、活力"的调性得到了充分的演绎；美的在奥运年成功抓住了消费者的注意力，提高了品牌的活跃度，促进了产品销售。

> **实操训练 10-2**
>
> 根据美的赞助奥运会相关材料，回答以下问题。
>
> 1. 假设美的没有选择跳水队作为赞助对象，你会推荐美的赞助哪些运动项目，为什么？
>
> 2. 总结美的赞助奥运会过程中，有哪些较有创意的广告传播形式？
>
> 3. 美的集团除了赞助奥运会，还积极参与不同类型的体育赛事的赞助。例如，2024年美的集团赞助顺德马拉松赛；2025 年美的集团与亚足联达成 2025—2029 亚足联俱乐部赛事全球合作协议。请你从广告策划视角，为这两项体育赞助赛事分别设计一个企业赞助广告宣传方案，重点从广告形式、广告活动创意、广告投放媒体和推送时间等方面设计。

案例 3：飞鹤奶粉北纬 47° 广告策划案例

一、飞鹤奶粉简介

飞鹤始建于 1962 年，从丹顶鹤故乡黑龙江省齐齐哈尔市起步，是中国最早的奶粉企业之一。60 余年来，飞鹤一直专注于针对中国人体质研制奶粉，对中国宝宝体质特点及需求展开大量研究，引领行业开创多种提升奶粉对中国宝宝体质适应性的技术、配方与工艺。

二、飞鹤奶粉"北纬 47° 黄金奶源带"广告视频策划

飞鹤奶粉根据企业所在地理位置的优越条件，挖掘企业优势，精心拍摄了"北纬 47°

黄金奶源带"广告宣传片，重点诉求企业所处产地的天然优势，塑造了飞鹤奶粉企业品牌的独特性，提升了品牌影响力，如图 10-6 所示。

中国宝宝黄金奶源地

图 10-6　"北纬 47° 黄金奶源带"广告宣传片截图

三、飞鹤奶粉"北纬 47° 黄金奶源带"广告分析

从广告宣传片里，我们可以得出飞鹤广告的诉求的支撑点如下。

1．借势世界知名奶源地理位置，强化独特的地理位置优势

北纬 47° 线贯穿了世界著名的牧场：日本北海道牧场、美国威斯康星州牧场、加拿大阿尔伯达州牧场和中国黑龙江齐齐哈尔市（飞鹤奶源所在地）。2023 年 3 月 23 日，"鲜萃黄金奶源　专属中国宝宝——中国婴幼儿奶源地黄金产区认证全球发布会"在北京召开，飞鹤获得首个"中国婴幼儿奶源地黄金产区"认证。

2．依靠得天独厚的黑土地和水资源，塑造原材料的优质形象

飞鹤奶粉位于全世界仅有的 3 块黑土带之一的东北平原黑土带，黑土地为饲料作物的生长提供了丰富的营养元素；黑龙江扎龙国家级自然保护区，为牧场提供优越的自然生态环境；地下蕴藏着弱碱性水，为奶牛提供了天然健康的饮用水。这些良好的生态资源都为飞鹤奶粉绿色优质奶源奠定了基础。

3. 运用竞争性广告语提升品牌竞争力

飞鹤奶粉依靠得天独厚的优质奶源地，强调产品的优良品质，结合深入研究中国宝宝体质特征，制定了有针对性的奶粉配方，提炼出具有极强的竞争性的广告语"更适合中国宝宝体质的奶粉"。此广告语具有极强的攻击性，因为，言外之意就是，其他品牌的奶粉都不如飞鹤奶粉更适合中国宝宝体质需求。

 实操训练 10-3

查阅飞鹤奶粉相关信息，思考以下问题。

1. 阐述飞鹤奶粉广告宣传片为什么借助"北纬 47°"地理概念来进行广告宣传。

2. 阐述飞鹤广告语"更适合中国宝宝体质的奶粉"，运用了哪些广告诉求方式，该诉求方式具有怎么样的特点。

 **延伸阅读**

广告策划人在进行广告创意时要遵守广告法规

广告是一种推广和沟通手段，目的是增加人们对产品的关注度和认可度。但现实中一些广告存在虚假宣传甚至广告欺骗等行为，这是违法行为。广告策划人员要遵纪守法，了解广告法的相关内容。以下是《广告法》的部分摘录内容，详情请查阅《广告法》全文。

第一章 总则

第三条 广告应当真实、合法，以健康的表现形式表达广告内容，符合社会主义精神文明建设和弘扬中华民族优秀传统文化的要求。

第四条 广告不得含有虚假或者引人误解的内容，不得欺骗、误导消费者。

广告主应当对广告内容的真实性负责。

第五条 广告主、广告经营者、广告发布者从事广告活动，应当遵守法律、法规，诚实信用，公平竞争。

第三章 广告行为规范

第三十条 广告主、广告经营者、广告发布者之间在广告活动中应当依法订立书面合同。

第三十一条 广告主、广告经营者、广告发布者不得在广告活动中进行任何形式的不正当竞争。

第三十二条 广告主委托设计、制作、发布广告，应当委托具有合法经营资格的广告经营者、广告发布者。

第三十三条 广告主或者广告经营者在广告中使用他人名义或者形象的，应当事先取得其书面同意；使用无民事行为能力人、限制民事行为能力人的名义或者形象的，应当事先取得其监护人的书面同意。

第三十四条 广告经营者、广告发布者应当按照国家有关规定，建立、健全广告业务的承接登记、审核、档案管理制度。

广告经营者、广告发布者依据法律、行政法规查验有关证明文件，核对广告内容。对内容不符或者证明文件不全的广告，广告经营者不得提供设计、制作、代理服务，广告发布者不得发布。

 素养园地

冰墩墩到底是怎么出圈的？

截至 2022 年 2 月 14 日，微博话题"#冰墩墩#"阅读量超 48 亿，冰墩墩部分微博话题截图如图 10-7 所示。

图 10-7　冰墩墩部分微博话题截图

无论是线上还是线下，都出现了"一墩难求"的情况！

冰墩墩到底是怎么出圈的？

回溯冰墩墩走红历程，离不开北京冬奥会的高热度，离不开其本身的可爱，更离不开大家热烈的"墩墩爱"。

自 2022 年 1 月 31 日以来，冰墩墩的搜索热度不断增长，并在 2 月 4 日——冬奥会开幕日，收获了第一次飙升。冬奥会开幕后，冰墩墩相关周边销售量猛增，

话题讨论量也持续走升，网络热度从开幕前的 2 万多，上涨到 270 多万，如图 10-8 所示。

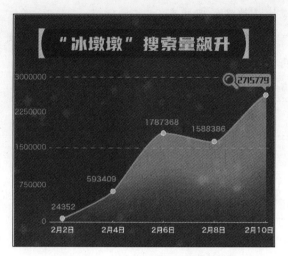

图 10-8 冰墩墩搜索量数据变化

冰墩墩之所以能"出圈"，一方面是其产品设计具有较强的创新性，将中国文化和奥运精神融入其中，得到了大家认可；另一方面是灵活运用了微博等新媒体进行广告宣传，通过丰富可爱的表情包和动图，给冰墩墩赋予了更多美好想象，注入了接地气、有人格色彩的传播基因。